CURAR LA CASA
SANAR EL ALMA

HACIA EL ASOMBRO

CURAR LA CASA SANAR EL ALMA

Hilda Ikeda

Ikeda, Hilda
    Curar la casa, sanar el alma.- 1ª ed. – Buenos Aires : Planeta,
Grupo Planeta, 2004.
    192 p. ; 22x14 cm.

    ISBN 950-49-1322-9

    1. Feng Shui I. Título
    CDD 133.333 7

Diseño de cubierta: Peter Tjebbes
Diseño de interior: Diego Linares
Correción: Gabriela Vigo

© 2004, Hilda Ikeda

Derechos exclusivos de edición en castellano
reservados para todo el mundo
© 2004, Grupo Editorial Planeta S.A.I.C.
Independencia 1668, C 1100 ABQ, Buenos Aires, Argentina
www.editorialplaneta.com.ar

1ª edición: diciembre de 2004

ISBN 950-49-1322-9

Impreso en Printing Books,
Mario Bravo 835, Avellaneda,
en el mes de diciembre de 2004.

Hecho el depósito que prevé la ley 11.723
Impreso en la Argentina

Índice

Introducción

La casa sana

Firmitas, Utilitas y *Venustas* (resistencia, funcionalidad y belleza) representan los tres pilares teóricos sobre los cuales se cimentó la arquitectura moderna. Los estableció, en el siglo I antes de Cristo, el tratadista romano Marcus Vitrubio Pollio, en sus diez libros (*De architectura*), los cuales, a su vez, conforman el tratado más antiguo sobre el tema en nuestras manos.

Así, la arquitectura es considerada desde entonces el arte o la ciencia de proyectar y construir edificios perdurables, según determinadas reglas y objetivos precisos, esto es: crear obras adecuadas a su propósito, funcionales para la vida y capaces de inspirar un placer estético, ya fuera que se tratara de casas, fábricas, hoteles, templos o aeropuertos.

Por supuesto, en cualquier caso, y desde siempre, la arquitectura no depende sólo del gusto o de los cánones estéticos de su tiempo o de sus hombres, sino que ha de tener también en cuenta una serie de cuestiones prácticas, estrechamente relacionadas entre sí: la elección de los materiales y su puesta en obra, la disposición estructural de las cargas y el punto fundamental del uso al que finalmente sea destinado el edificio.

Desde luego, ya mucho antes de que Vitrubio Pollio ordenara sistemáticamente estos preceptos, la arquitectura, sin llamarse aún así, ya había aparecido sobre la tierra desde que el hombre descendió de los árboles, abandonó las cavernas y se dispuso a construir por fin su primera morada.

Así, desde entonces, lo que mucho después diera en llamarse la *arquitectura vernácula* no necesitaba de arquitectos, sino que, conforme el conocimiento y las técnicas avanzaban, adelantados artesanos se ocupaban de la proyección y realización de las casas primero, y de los primeros templos después.

Entonces los materiales de que disponían adquirieron una importancia decisiva. En las zonas boscosas del planeta, la madera fue herramienta y elemento; en otras fue la piedra; incluso las pieles de animales de los indios americanos, pieles que entonces eran sus paredes, y también el adobe –que luego dio lugar al ladrillo cuando el hombre aprendió a cocer la arcilla–, hasta que por fin la modernidad descubrió el uso del hierro y de la cal para, al cabo, elaborar el cemento, el hormigón, el *Portland*... y el placer y la seguridad del hogar en todas sus posibilidades: resistencia, funcionalidad y belleza. *Firmitas, Utilitas, Venustas.*

De esta forma el hombre, paso a paso, ha ido buscando, a lo largo de toda su historia, desde el principio de los principios hasta nuestros días y hacia adelante, la mejor y más confortable forma de lograr la armonía entre el espacio que habita y el alma que lo habita.

Y en esa inteligencia, y en ese empeño, así refinó sus técnicas, elaboró nuevos métodos y evolucionó en sus investigaciones. Porque la casa es la gran piel que recubre la piel, porque el *hábitat hace al ser*, y así, el ser, finalmente, *es el hábitat*.

Luego, a la par de todos los planos de la evolución, la arquitectura fue más allá de la protección del hombre dentro de su medio ambiente para ocuparse también del equipamiento interno de su hogar, optimizando así sus capacidades y comodidades hasta alcanzar, en las últimas décadas, la invención de complejos sistemas de acondicionamiento, instalaciones eléctricas y sanitarias, prevención de incendios, iluminación artificial, escaleras mecánicas, ascensores hidráulicos, y ahora, también, la utilización de la informática para controlar toda esa red de mecanismos y establecer así, lo que ya se conoce con el nombre fantástico de *edificio inteligente*.

Pero todos estos modernos conceptos, en tal caso, se sustentan, se alimentan o se originan en procedimientos mucho más antiguos que los fundamentos básicos trazados por Vitrubio hace más de veinte siglos. Y es que miles de años antes de la era cristiana, en el lejano Oriente, los chinos ya desarrollaban un conjunto de teorías y técnicas que recién ahora, en las últimas décadas, alcanzaron la comprensión y el respeto del Occidente moderno: el Feng Shui. Una disciplina que incluye muchas otras, y cuya delicada conjunción está orientada, directamente, a mejorar y optimizar las propiedades de la vivienda humana. Y en la que todo –formas, colores, olores, texturas, materiales, decoración y disposición– juega un rol fundamental equilibrando la materia y la energía de una casa, para que esa armonía, en su fluido positivo, alivie, ayude o eleve el bienestar de sus habitantes.

El otro material de este libro no deberá sorprender al lector, y es a la vez una honesta forma de cumplir con mi editor y con los lineamientos de la colección para la cual me solicitara esta obra, honrándome por cierto. Casas embrujadas, ámbitos hostiles, sitios adversos, disposiciones negativas que terminan por afectar la vida de sus habitantes y que dejaron en gran parte de ser, hace mucho, misterios de terror o supersticiones primitivas para convertirse en hechos ciertos que bien pueden tener, en muchos casos, soluciones ciertas.

En esa búsqueda, en esa evolución, el hombre indagó en todas las posibilidades de la vivienda hasta comprender que una casa no sólo es materia, sino también energía, y que, por lo tanto, cada casa tiene un alma, un alma intangible, viva. Un alma capaz de mejorar o perjudicar las almas que la habitan. Un alma que puede enloquecer o inspirar, enfermar y, por lo tanto, ser curada.

Este libro parte de la conciencia de que hay fenómenos extrasensoriales, o habitualmente enfocados por la Parapsicología, que existen y son verificables. No los obvio y cada tanto dejaré testimonio de alguno de ellos, hayan sido resueltos o no, como dato de coloratura y como prueba, en todo caso, de que no desconozco y mucho menos subestimo dichos fenómenos. Pero estos hechos no son el centro de la obra.

Tampoco el lector encontrará aquí datos pormenorizados de cómo ubicar cada estatuilla, cada cenicero, cuántos grados hacia el Sudeste ubicar el porche de la casa, según un supuesto Feng Shui que tantos editores y traductores hacen irresponsablemente servir para un habitante del hemisferio Norte como para uno del Sur, para un señor de Barcelona como para uno de San Pablo o Zacatecas. Sí, obviamente, hablaré y mucho de esta disciplina que Oriente le aporta a Occidente y de muchas otras novedades surgidas a partir de ella.

Este libro no ignorará los hechos de *poltergeist*, pero su intención es la de dirigirse a la luz sin detenerse demasiado en las tinieblas.

En el fondo, respondo así tal vez a las anécdotas de mis múltiples nanas latinas en cuanto a casas embrujadas y a las situaciones anómalas que a mí misma me tocó atestiguar, además de las que conociera por múltiples lecturas.

Pero también me atengo al recuerdo de mi padre, un arquitecto japonés, al que veo planificando cada edificio, cada casa de un amigo como si él mismo fuera a vivir en ella; al recuerdo de mi padre comentándome que un arquitecto es capaz de crear un ser vivo que respira, transpira, oscila, se mueve sin que lo perciban, sobre todo si cumple bien con cada una de esas funciones, y que su mayor virtud es precisamente que sus virtudes pasen inadvertidas.

La casa puede enfermar o nacer enferma; podemos curarla o directamente hacer que nazca sana. En unidad con quienes la habitan es que... *curar la casa es sanar el alma*.

Mi padre solía decir con optimismo que un arquitecto, inclinado sobre un tablero como quien se tiende a hacer el amor, da vida a otro ser secretamente vivo, que seguramente lo sobrevivirá, y tal vez sobrevivirá a sus hijos y a los hijos de sus hijos, y así sucesivamente...

A él, a su recuerdo, dedico este libro.

Capítulo I

LA CASA ENFERMA

En el diario *Edmonton Journal*, de Canadá, el día 11 noviembre de 1969, se publicó la siguiente crónica basada en un cable de la irreprochable agencia Associated Press:

Gillingham, Inglaterra (AP).– Una tranquila residencia ubicada a orillas del mar se ha convertido en la mansión del terror. En ella, una niña de tres años de edad es aparentemente víctima de convulsiones cuando se le pone en presencia de un crucifijo. "La criatura está poseída por un espíritu maligno", sostiene su madre, Christine Adams. Una entidad sobrenatural se ha apoderado de la infante y de la modesta vivienda de esta pequeña ciudad de la costa de Kent.

La pesadilla comenzó hace un año, según dijo la señora Adams, cuando las luces comenzaron a encenderse y apagarse, los muebles se movían de un lugar a otro, las puertas se abrían intempestivamente, los ceniceros y otros objetos caían de las mesas, y cuartos habitualmen-

te tibios se convertían de pronto en auténticos congeladores. *"Lo más horrible de todo –dice la señora Adams–, fue la transfiguración de mi hija Carol".*

Un buen día la inocente criatura se puso a conversar con una persona invisible, utilizando palabras que una niña de su edad no podía conocer y, a veces, se respondía a sí misma con una voz más grave, como la de un adulto.

"En ocasiones, podíamos escuchar a alguien que cantaba una supuesta canción de cuna, al mismo tiempo que mi hija hablaba", afirma la madre. Ella y su esposo colocaron una cruz de madera en la sala, para tratar de combatir a esta entidad maligna. Sin embargo, cada vez que la niña se acercaba a la cruz, su rostro se crispaba. *"Tensaba los dedos como garras y mostraba los dientes. Era algo horrible."*

Una vecina de los Adams, la señora Marjorie English, dijo haber observado una vez a la pequeña niña colgarse fuera de una ventana del segundo piso de la casa. *"Me precipité para prevenir a su madre, pero ella me dijo que eso era imposible porque todas las ventanas estaban cerradas de manera fija. Más tarde, cuando el señor Adams regresó a la casa, lo verificó: las ventanas no podían ser abiertas. Siempre me había reído de este tipo de cosas, pero creo que ahora he visto demasiado."*

El hijo de la señora English, Graham, de diecisiete años, declaró que una noche escuchó ruidos extraños que procedían de la habitación de Carol, y que al subir para saber qué sucedía, *"la niña estaba enteramente metida en una funda de almohada".*

La señora Adams finalmente declaró: *"Estoy convencida de que alguna entidad sobrenatural se ha apoderado de la casa y se manifiesta por medio de Carol".*

Tiempo después, los padres de la niña mandaron traer a la célebre médium Elizabeth Langridge, quien, al cabo de una sesión en la casa, declaró: "No hemos visto nada, pero hemos detectado fuerzas indeseables. Un espíritu se apoderó de la casa, y se sirve de esta niña", finalizó.

Fuegos de la mente

Puede aceptarse o no la veracidad de esta crónica, pero es una entre millones. De hecho, las historias de casas embrujadas –o encantadas– son tan antiguas como inexplicables o increíbles.

Quién no escuchó alguna vez –más allá de la ficción, del cine o la literatura– hablar de una casa embrujada, en cuyo interior sucedían hechos y cosas que nadie podía explicar racionalmente.

En ocasiones, dichas historias refieren la presencia de sombras o resplandores que atraviesan de lado a lado un corredor, la recámara o las escaleras de una vivienda, y que pueden ser observadas por unos pocos segundos, el tiempo suficiente como para no saber con certeza qué se vio, pero sí para saber con certeza que *algo* se vio.

Otras historias refieren gritos, golpes, gemidos o ruidos, cuya fuente de origen es siempre inhallable. Estos sonidos o ruidos suelen ser oídos por casi todos los habitantes de esas viviendas, lo cual hace imposible entonces adjudicarlos a una simple alucinación auditiva personal... También es frecuente escuchar que en ciertas casas, objetos diversos desaparecen misteriosamente para volver a aparecer en un lugar distinto, o que los muebles y otros ornamentos se corren de lugar o cambian de posición.

Acaso uno de los fenómenos más desconcertantes que se conocen sea el fuego repentino, la *combustión*. Por qué una casa –o a veces una persona– comienza literalmente a arder, es algo para lo que aún no se ha encontrado explicación. En 1959, en Alabama, se encendieron, de forma inexplicable y simultánea, dieciocho focos de incendio en una casa de madera. Los bomberos intentaron apagarlo, pero cuando lograban dominar unas llamas, los puntos de combustión se reproducían en otra parte. No había cortocircuitos, ni tampoco el fuego se había producido por causas químicas o electrostáticas comprobables. La familia que habitaba la cabaña era supersticiosa y todos los integrantes decidieron abandonar el hogar. Pero en su siguiente vivienda, los fuegos misteriosos los acompañaron. Eso motivó que se abriera inmediatamente una investigación policial. Los agentes que intervinieron en el caso pudieron dar testimonio de lo que vieron. Un colchón se incendió frente a sus propios ojos, y lo mismo sucedió, de pronto, con unas rebanadas de pan. La familia tuvo que buscar un tercer hogar, pero a los pocos días nuevos casos de combustión espontánea se dieron allí también. Y nunca nadie entendió por qué.

Otro caso similar, e igualmente enigmático, sucedió en Londres, en 1963. Un bombero llamado Jack Stacey acudió al incendio de un inmueble abandonado. La casa no tenía ninguna señal de haber sido dañada por el fuego, pero cuando Stacey examinó su interior, allí encontró el cuerpo en llamas de un vagabundo. El hombre exhibía una herida de diez centímetros en el abdomen, y por ella brotaban las llamas como alimentadas por un combustible poderoso. Para apagar ese fuego, Stacey dirigió el chorro de la manguera hacia el cuerpo del vagabundo y lo apagó, pero nunca pudo saberse la causa real del incendio. La casa estaba abandonada desde hacía muchos años, y desde entonces no tenía gas ni electricidad. Tampoco se encontraron fósforos. El misterio quedó así: célebre y sin explicación.

Pero tal vez las más aterradoras historias de estas sagas sean aquellas que narran lo que habitualmente se conoce con el nombre de "apariciones", fueran ya de un alma en pena, un duende, el espíritu de un muerto o alguna otra forma humana aunque a su vez indefinible.

Sin embargo, más allá de lo que el público pueda creer o no, la parapsicología lleva décadas de empeño estudiando estos fenómenos. Sin descartar la intervención de facultades como la telepatía o la telequinesis, los expertos explican estos hechos a partir de la posibilidad de que alguna clase de registro psíquico haya quedado grabado en el lugar, acaso a raíz de cierta violencia o emoción fuerte generada allí en algún momento. En tales casos, el fantasma no sería un espíritu sensible, sino una mera proyección. Las teorías telepáticas sostienen tal hipótesis en virtud de que, si una persona puede enviar una imagen de sí misma a un receptor, también entonces puede enviar una clase de imagen que flota libremente hasta ser captada por alguien lo suficientemente sensible para recibirla.

En la actualidad, está constatado el hecho de que existen personas con la capacidad psíquica necesaria

23

para crear imágenes con el pensamiento y, con la misma fuerza, proyectarlas. Existen muchos de tales episodios. Por ejemplo, frente a una situación límite, como un grave riesgo de accidente, muchas personas emiten señales, mensajes o ideas con su pensamiento, y logran dirigirlos hacia seres queridos, que por razones sentimentales están en directa conexión mental con ellos, y así estos seres queridos pueden recibir su señal en forma de imágenes.

Llegado este punto, los investigadores del tema afirman que existen personas con capacidades o posibilidades naturales de embrujar una casa. Y no sólo una casa, también pueden embrujar un pueblo entero.

De nuevo en Gran Bretaña, tuvo lugar un hecho famoso sucedido poco antes del final de la Segunda Guerra Mundial. Durante muchos años, los habitantes del pueblo de *Great Leighs* decían –o sabían– que había una bruja enterrada en un cruce de caminos conocido como *Scapfaggot Green*, y por eso el sitio exacto del sepulcro había sido sellado por una enorme roca.

La bruja en cuestión se llamaba Alice Molland, y había sido quemada en la hoguera, unos doscientos años antes de que sucediera lo que a continuación se narra.

La bruja de *Scapfaggot Green* descansaba tranquilamente en su sepulcro desde mediados del siglo XVIII, hasta el momento más álgido de la Segunda Guerra. Por aquel entonces, la paz de *Great Leighs* fue quebrada por la llegada a sus costas de la *Royal Navy*. El tráfico militar, entonces, revolucionó la vida de aquel manso pueblo rural. Las ventanas vibraban con el paso de los tanques y algunas calles, demasiado angostas, tuvieron que ser ensanchadas y comenzaron las remodelaciones. Un oficial que ignoraba las viejas tradiciones de *Great Leighs* mandó una excavadora para ensanchar las calles que se cruzaban en *Scapfaggot Green*. Y la roca que marcaba la tumba de Alice Molland fue removida por primera vez en doscientos años. Ahí comenzó la catástrofe. La fisonomía del pueblo había sido modificada, pero ahora también era modificada su realidad. Una serie de hechos inéditos comenzaron a suceder, y tan fantásticos eran, que habrían resultado increíbles de no haber sido porque infinidad de personas pudieron presenciarlos. Las campanas de la iglesia del pueblo sonaban en plena madrugada, sin que hubiera nadie operando sus cuerdas. Un constructor local encontró sus herramientas rotas en una caja de metal cuya cerradura permanecía sin embargo intacta. Un granjero perdió todas sus ovejas en apenas un instante de distracción, y no fueron halladas nunca más. La prensa local se ocupó del tema, y el 15 de noviembre de 1943 el periodista John Cooper tituló un artículo a toda página en el *Sunday Pictorial*: "La Bruja camina hacia *Scapfaggot Green*". Y el mismo cronista fue testigo de un episodio más que sorprendente en un bar del pueblo. Una enorme piedra, igual a la roca que cubría el cuerpo muerto de Alice Molland, tapó una tarde la entrada del pub sin que nadie supiera cómo había llegado hasta allí.

Absolutamente seguros de que los hechos estaban relacionados con la bruja de mentas, los habitantes del pueblo decidieron consultar al por entonces famoso cazafantasmas Harry Price, quien les aconsejó devolver la piedra a su lugar original inmediatamente. A partir de ese momento, los sucesos fantásticos disminuyeron de a poco hasta cesar completamente pocos meses después.

Algunos parapsicólogos, aún hoy, pretenden explicar estos hechos recurriendo a la capacidad psíquica de cada individuo, multiplicada por un pueblo entero, habitante por habitante. La sugestión ante las tradiciones más enraizadas, la fuerza mental de cada uno de ellos y las alteraciones nerviosas que evidentemente produjo la llegada de las tropas... quizá rompieron las herramientas de aquel granjero, o se llevaron las ovejas de ese pastor, o arrastraron con tremenda fuerza telequinética la roca de Alice Molland hasta la puerta del pub...

Aun así, sin desechar estas teorías, los investigadores tampoco descartan la existencia de entidades desencarnadas, que, simplemente, no han conseguido alcanzar el plano de existencia que como tal les corresponde. Extraños fenómenos, misteriosas entidades, a los que habitualmente se les llama "fantasmas".

Fantasmas del más acá

Como tantas ramas de la ciencia o de la paraciencia sostienen, el mundo de los espíritus no estaría arriba ni abajo, sino superpuesto al mismo plano que habitamos los seres de carne y hueso, y que conocemos con el nombre de "tercera dimensión". Lo que suele llamarse "el mundo de los espíritus" es más bien concéntrico respecto de la tercera dimensión, y por ello existiría en una misma zona espacial con el plano que habitamos... aunque no se manifieste materialmente en nuestra atmósfera.

Este plano etérico está exactamente a nuestro alrededor, y al morir, los seres humanos, sencillamente, se sumergen en él. Esto es lo que llaman los especialistas la "transición normal". Sin embargo, a veces, esa transición puede no ser completada, o suceder en forma fallida. Una muerte violenta, por ejemplo, posibilitaría tales casos, provocando en esos espíritus una *continuidad fantasmal*, y entonces, la entidad bien podría optar por alguna que otra vivienda en especial.

Para los estudiosos de estos fenómenos, el hecho de que el ser etérico elija una casa en particular puede responder a diferentes motivos. Dicha casa tal vez fue su lugar de residencia; o acaso allí, en vida, esa entidad mantuvo una relación muy estrecha con alguna de las personas que luego la habitaron o la habitan… También podría ser que su muerte estuviera relacionada con la casa, y entonces, hasta que el misterio no se esclarezca, su registro psíquico queda atrapado en esa vivienda, a tal punto que alguno de sus habitantes, o todos ellos, al captarlo, podrían identificarlo como un *fantasma*…

Uno de los casos más famosos que se conocen sobre la existencia de fantasmas sucedió también en Inglaterra, en el Rectorado de Borley, uno de los más populares del país. Se dice que allí residían dos fantasmas descabezados, y una monja, fantasma también, que había sido asesinada a raíz de un romance clandestino. El hecho es que los propietarios de la casa eran acosados por susurros de agonía, mensajes enigmáticos en las paredes y campanadas que sonaban a toda hora sin que hubiese campanas en la casa... Los diarios y la policía confirmaron la existencia de los mensajes, escucharon los susurros agonizantes y oyeron las campanas que no existían. Pero no pudieron explicar nada.

Otro caso, por demás extraño, fue el del espectro de la Plaza Berkeley, en Londres. El famoso fantasma que entonces decían que habitaba allí era conocido por haber asesinado a varias personas durante unos años. Una de las historias más terribles era la de Sir Robert Warboys, quien cierto día aceptó el desafío de pasar una noche allí. Armado con una pistola se instaló en el dormitorio del primer piso, mientras el dueño de la casa se quedaba en la planta baja con un amigo. Cuando se oyó un disparo una hora más tarde, los dos hombres corrieron hacia el dormitorio de la planta superior, y allí encontraron a Robert Warboys solo y muerto y con una expresión de horror en la cara.

Desde luego, no todos los "fantasmas" suelen manifestarse como apariciones con forma humana. En la mayoría de las historias comprobables de *casas encantadas (o embrujadas)*, se da un tipo de aparición muy especial conocido como "energía fría".

En estos casos en particular, el *ente etérico* es por completo invisible, aunque sin embargo manifiesta su presencia de una manera inequívoca. Por ejemplo, puede que un lugar o zona de la casa esté siempre frío y húmedo, sin que haya ninguna causa específica real que explique el hecho. También un ambiente "cargado" es indicio de la presencia de *energías frías,* y quienes entran en él inmediatamente experimentan algún tipo de depresión repentina, angustia, nerviosismo, fatiga, pesadez o, directamente, sueño, mucho sueño... A muchos les ocurre sin saber qué les ocurre.

Y por supuesto, existen también entidades más violentas, energías que se manifiestan a través de un repentino caos de golpes inexplicables, ruidos varios, olores nauseabundos, muebles que se mueven de lugar, objetos que desaparecen y hasta levitaciones... Por regla general, los parapsicólogos agrupan estos fenómenos bajo una denominación especial: *poltergeist*. La palabra deriva de los términos alemanes: *polter*, que significa ruido, y *geist*, espíritu.

Las fuerzas invisibles

Recién a mediados del siglo XIX, con el incremento y la evolución de la investigación científica sobre los fenómenos paranormales o supranaturales, el término *poltergeist* alcanzó difusión internacional, llegó a la literatura y el cine, y hoy resulta de uso casi corriente. Pero el fenómeno en sí mismo cuenta con una trayectoria mucho más larga, con casos registrados desde la antigüedad.

Los historiadores lo relacionan desde siempre con la creencia en espíritus caseros, convicciones muy extendidas y arraigadas en antiguas y diversas culturas de todo el mundo. Así en Rusia, se habla del *diedushka damavoi* ("el espíritu de la casa del abuelo"); los ingleses y los escoceses prefieren llamarlo *bogeyman* ("el diablo malévolo"), que en esencia es lo mismo que las culturas hispanas suelen conocer con el nombre de *cuco*. Pero todos son –o pueden ser– casos de *poltergeist*.

En muchas de estas culturas, según sus propias leyendas, los *poltergeist*, si se los trata bien, pueden ser incluso amables con la familia con la cual conviven... pero malignos y destructivos si se los molesta. Por regla general, se trata de espíritus siempre invisibles, que tanto pueden actuar en casas de familia como en lugares de trabajo, hoteles, bibliotecas, hospitales...

Desde luego, estos fenómenos son fáciles de falsificar, pero sin embargo la ciencia registra no pocos casos ante los cuales, a falta de explicaciones racionales, accedió finalmente a considerarlos auténticos. Según psicólogos, psiquiatras, parapsicólogos y más, un *poltergeist* es una simple manifestación de telequinesis generada en el subconsciente por uno de los habitantes de la casa, con frecuencia el más joven de ellos, y habitualmente, del sexo femenino.

La palabra "telequinesia" deriva del griego *tele*, "lejos", y *kineo*, "yo muevo". Así denomina la parapsicología a la capacidad de mover objetos a distancia sin ejercer ningún contacto directo o indirecto, y sin causa física apreciable, aunque generalmente en presencia de un médium, es decir, de una persona con facultades telequinéticas naturales.

Hasta donde se sabe, la energía liberada que causa el movimiento de esos objetos es la misma que se manifiesta durante los fenómenos telepáticos o parapsicológicos. Algunos autores definen dicha energía como un fluido psíquico capaz de afectar a la materia. "Energía biótica" y "telergia" son otros términos para definir la fuerza que emana del cuerpo de la persona dotada de esa facultad, y que luego forma un campo electromagnético capaz de producir numerosos efectos, como el de hacer levitar al propio emisor, a otras personas, o a un objeto.

Según los investigadores, si por lo general el fenómeno suele darse en los más chicos, es también porque muchas veces son los más jóvenes quienes acaso requieren

30

de mayor atención; o porque hay un trauma en ellos que no está siendo debidamente atendido; o porque tal vez atraviesen alguna crisis emocional muy profunda –típicas de la pubertad o la adolescencia–, y al temer exteriorizarla de manera consciente, acaban manifestándolas a partir de ciertas facultades especiales detonadas por la crisis.

Otra posibilidad considerada por los parapsicólogos para explicar fenómenos propios de las casas embrujadas es la llamada "manifestación de la energía", donde la energía propia del ser humano puede exteriorizarse y hasta quedar impregnada en los objetos que éste toca o que simplemente lo rodean.

Por ejemplo: si alguien se encuentra en una habitación y le sucede algo que altere su estado emocional de manera exagerada, la energía exteriorizada puede ser lo suficientemente poderosa como para quedar impregnada en las paredes o en los objetos de la habitación, y permanecer allí por un tiempo indefinido. Y personas con la suficiente intuición, o con desarrollada percepción, son capaces de sentir y hasta de visualizar dicha energía almacenada.

El caso más espectacular duró desde agosto de 1977 hasta septiembre de 1988. Durante ese tiempo, una mujer y sus cuatro hijos, que vivían en una casa de alquiler en Enfield, al norte de Londres, experimentaron casi todas las clases de actividad *poltergeist* identificadas hasta la fecha. Se registraron no menos de quince mil incidentes, que dejaron desconcertados a todos los que participaron en la investigación: asistentes sociales, fotógrafos, psicólogos y dos investigadores psíquicos, entre otros.

En la ciudad de Thoune, Suiza, en el año 1967 –según registran los diarios del lugar– en una casa nueva, recién

31

terminada, comenzaron a ocurrir cosas inexplicables. Los cables de la instalación eléctrica se desprendían solos, los fusibles se fundían sin motivo aparente, prendas de ropa volaban por los aires, las puertas de los clóset y de las recámaras se abrían y cerraban solas, una mesa levitó y voló rompiendo cosas a su paso y las cubetas de agua que usaban en la cocina se vaciaban solas. Nadie esta vez tampoco pudo explicar gran cosa. El hecho fue registrado y atestiguado por distintas personas. Sólo eso.

Si todos estos hechos resumidos aquí, y otros muchos, responden en realidad a un *poltergeist*, a distintas apariciones espectrales, a razones de orden etérico, electromagnético, fantástico o no... quizá será para siempre un misterio. Pero un misterio real, que demuestra en sí mismo la existencia de energías o sucesos inexplicables para la razón, y sin embargo propios de algunas casas, de ciertos ámbitos o lugares, donde ciertas energías desconocidas prevalecen más allá de lo visible.

El punto es que las casas viven, y que sus vidas pueden ser buenas o malas, sanas o enfermas... Pero en cualquier caso, tratarlas, curarlas, cuidarlas y equilibrarlas siempre será un deber, y un privilegio, de sus propios moradores.

Capítulo II

EL FENG SHUI

Detectar el lugar exacto donde vivir, más que una aspiración ancestral, resulta ser un instinto natural, una necesidad crucial, humana o animal.

Ya las más antiguas civilizaciones (romanos, chinos, egipcios, celtas, y casi todos los pueblos nómades del gran Sahara y la Siberia) contaban con métodos específicos o individuos especialmente capacitados para elegir el sitio ideal donde edificar sus viviendas o asentar sus campamentos.

Los romanos echaban a pastar a sus ovejas, libremente, durante meses, al cabo de los cuales examinaban sus vísceras, las analizaban, y así recogían información cierta sobre el terreno elegido, sobre las posibilidades y los riesgos que ofrecía para la supervivencia.

Los aborígenes de Norteamérica, en cambio, soltaban sus caballos y allí donde ellos se detenían a descansar y pastar, allí instalaban sus tribus.

En África, los tuareg, aún hoy, confían esa misión a sus perros, y levantan sus campañas allí donde ellos les indican.

Claro que también los lugares negativos eran señalados con precisión. No porque sí encontramos hoy antiguos sitios sagrados en zonas donde se concentra un alto nivel de radiactividad natural, zonas de culto milenario, reservadas a los muertos o a los dioses. Mediciones modernas detectaron importantes anomalías geomagnéticas, elevados niveles de radiactividad u otras alteraciones geofísicas en sitios distinguidos por petroglifos, menhires y pirámides, que así marcaban la presencia de energías que era mejor evitar o temer.

Pero en el arte-ciencia y urgencia de encontrar el mejor sitio para vivir, los chinos fueron más lejos que nadie, y hace ya miles de años comenzaron a experimentar con sus varillas de zahorí, luego la brújula amplió sus posibilidades, y al cabo dieron a luz una disciplina que tantos siglos después, no sólo sigue en vigencia, sino que se impone en todo el mundo: el Feng Shui.

El Feng Shui es el antiguo arte oriental de crear ambientes armoniosos a fin de lograr una perfecta relación entre el hombre, la naturaleza y el universo.

Sus leyes y principios fueron desarrollados a través de los siglos y transmitidos de maestro a discípulo, llegando a ser hoy una disciplina en plena expansión ya en Occidente.

Según la visión del Feng Shui, si se encuentra el mejor lugar para vivir y trabajar, es posible entonces optimizar los rendimientos, recibir energía favorable, lograr el verdadero descanso, mejorar la salud, disfrutar el amor y alcanzar la abundancia material y la trascendencia espiritual...

Hay un proverbio chino que dice: "Primero es el destino y la suerte, después el esfuerzo, y en tercer lugar viene el Feng Shui".

La sabiduría de los siglos

Oráculo por excelencia del antiguo y sabio pueblo chino, el *I Ching, el libro de las mutaciones*, no sólo es la esencia y el corazón de su cultura, sino también un libro que explica las reglas del cambio en el Cosmos, el orden de las cosas, y el equilibrio en la naturaleza. En China, el *I Ching* marcó el origen de la matemática, la astronomía, la medicina, la ciencia y hasta del Kung Fu... Por eso el pueblo chino –ya sea que se trate de nobles, campesinos, intelectuales, o estrategas– lo consulta desde siempre en forma cotidiana y regular y de generación en generación, desde el momento en que fue escrito hasta hoy. En otras palabras, millones de personas lo han aplicado durante miles de años en su desarrollo científico, político, astronómico, medicinal, militar, personal, arquitectónico, psicológico, en el diseño interior de sus viviendas y para entender mejor sus propias almas. No hace falta remarcar su importancia.

El *I Ching* se basa en símbolos que representan desde la más remota antigüedad el secreto de la vida misma: los Ocho Trigramas. Se menciona como protagonista de esta leyenda a Fu Hi, el primero de los reyes míticos chinos (tres mil años antes del Cristo). Según esta versión, una tortuga mágica surgió del río Lo y le ofreció a Fu Hi unos símbolos, en los que el rey, clarividente, pudo descifrar todos los secretos del cosmos. El hecho es que también del *I Ching* surgió la teoría del Feng Shui.

En un principio, sólo las casas imperiales y los nobles tenían acceso a sus conocimientos. Los chinos lo llamaban "Aplicaciones de emperadores y reyes", y su sabiduría era un secreto reservado a los ricos y poderosos, que a través del Feng Shui conseguían mejor salud, mayor poder y completa armonía.

Esto nos informa que el Feng Shui se remonta a tiempos mitológicos, aunque ningún dato histórico fidedigno revele cuándo y quién lo concibió por primera vez. No obstante, su íntima asociación con la antigua piedra imán china ha llevado a pensar que tal vez ya existiera cuando se inventó la brújula, un logro que tradicionalmente se le adjudica al Emperador Amarillo, el gran héroe-sacerdote-monarca legendario de la antigua China, quien se supone vivió alrededor del año 2700 antes del Cristo.

Porque de alguna manera, en términos modernos, podría decirse que fueron los taoístas los primeros ecologistas. Ellos antes que otros percibieron un enlace profundo entre el hombre y el paisaje; pronto advirtieron que la naturaleza reaccionaba ante el más mínimo cambio, luego notaron que esos cambios repercutían en el ser humano, y así entendieron la vital importancia de que los hombres encontraran la mejor manera de vivir en armonía con su entorno. Porque tal –decían ya– era "el camino de la felicidad, el bienestar y la prosperidad".

Existen pocos registros históricos antiguos sobre el Feng Shui, pero las excavaciones arqueológicas hechas durante los últimos años en China han descubierto algunos que datan de los siglos III o IV anteriores a la era cristiana, en los cuales hay ya referencias indirectas e información fragmentaria relacionada con el Feng Shui. Algunos expertos creen que el conocimiento y su práctica se formularon durante los períodos de la Primavera y Otoño, o de los Reinos Combatientes –entre el año 800 y el 200 a. de C.–, cuando la adivinación por el *I Ching*, la teoría del Yin-Yang y el pensamiento cosmológico basado en los cinco elementos fueron escritos por primera vez. Es posible. El Feng Shui está íntimamente relacionado con tales sistemas, en especial con el *Yijing*, supuestamente compilado alrededor del año 600 antes de Cristo, por Lao Tsé, legendario fundador del taoísmo.

Pero no fue sino hasta los inicios de la dinastía Han, cuando surge la figura de un conocido erudito y estratega militar: Zhang Liang –quien vivió aproximadamente entre los años 230 y 185 antes de Cristo–, y que supone el primer registro histórico de un practicante del Feng Shui. Según narra la leyenda, Zhang Liang recibió aquellos conocimientos de un sacerdote taoísta llamado Chi Songzi. Otros historiadores sostienen que Zhang también fue discípulo de otro adepto famoso conocido como Huang Shigong. Tradicionalmente, en la antigua China se considera tanto a Chi Songzi como a Huang Shigong los padres fundadores del Feng Shui. Sin embargo, algunos historiadores sostienen que, en realidad, esta disciplina responde a una tradición mucho más antigua aún.

De todas formas, el arte del Feng Shui no alcanzó su apogeo sino hasta la dinastía Tang, entre los años 618 y 906 de nuestra era, cuando florecieron muchas escuelas y practicantes, entre los cuales hubo ocho conocidos maestros que establecieron y difundieron el Feng Shui por entonces y hasta nuestros días. Literalmente, Feng Shui significa "viento" (Feng) y "agua" (Shui), y surgió de la necesidad, de la observación que genera la necesidad.

Desde siempre, China fue un país agrícola con muchas bocas que alimentar. Así sus habitantes, que además gozaban del tiempo necesario para la observación de la naturaleza, descubrieron en ella la solución a sus propios obstáculos. El comportamiento de las nubes, el curso de los ríos, la dirección y la fuerza de los vientos, la posición de las estrellas, todo les hablaba, todo les enseñaba... Y conforme las observaciones avanzaban y las conclusiones se repetían, aquellos sabios chinos comenzaron a reunir las distintas piezas que dieron origen al Feng Shui. De esta forma descubrieron que una casa, bien construida, en el lugar correcto, protegida de los vientos y bien expuesta al sol, era mucho más cómoda, práctica para el desarrollo y saludable para sus habitantes.

Con el paso de los años, el nivel de aplicaciones del sistema se enriquecía con nuevas observaciones y más descubrimientos, y así, pronto, esta disciplina despertó el interés de nobles, sabios y filósofos, a partir de los cuales el Feng Shui logró una profundidad de ciencia sin perder jamás su espíritu de arte.

Queda claro entonces que el Feng Shui no es la teoría iluminada de un solo hombre, sino el trabajo de observación de millares de seres a lo largo de la extensa historia china. Todo lo cual vuelve más que probable que el Feng Shui tenga fundamentos reales y, por lo tanto, funcione con eficacia.

Finalmente, basado en los principios del Feng Shui, hace más de diez siglos, un emperador ordenó continuar con la construcción de la muralla china, hasta reunir sus dos brazos, y así defenderse mejor de las tribus del norte y el oeste, entre ellas, las del temible Gengis Kan... Pero al mismo tiempo, aquel emperador envió hasta sus enemigos a sus mejores maestros en Feng Shui, para que éstos les enseñaran a tener una vida mejor y se olvidaran de invadirlos. Y así, definitivamente, el Feng Shui comenzó a expandirse más allá de las fronteras de China y hasta nuestros días.

El mar del *chi*

Según la cultura china, todo lo que forma parte del mundo físico está dotado de una energía vital llamada *chi*.

Todos los muebles, un cuadro, un adorno, un electrodoméstico incluso, desde luego las plantas, las fotos, cualquier piedra, un automóvil, todo tiene *chi*, todo está envuelto en *chi*, en esa energía absoluta que nos contiene como un mar. Por eso suele hablarse del "mar del *chi*".

Por ello, desde el punto de vista del Feng Shui, las casas, los edificios, son observados como seres vivientes, cuerpos vivos que tienen un sentido, una razón de ser, un objetivo: sustentar y proteger a quienes viven allí.

En esa inteligencia, el Feng Shui se ocupa de aprovechar al máximo el flujo de la energía universal, o corriente *chi*, también llamada *ki, prana,* o fuerza cósmica, entre otras culturas... Para un conocedor, maestro o practicante del Feng Shui, es capital crear la armonización en todas las cosas y en todos los espacios donde vivimos, trabajamos o jugamos.

Entender el *chi* es entender por qué algunas casas parecen llenas de vida, mientras otras languidecen; por qué a veces un jardín en una finca modesta, creado sin ninguna premeditación, se siente o se percibe mucho más acogedor y vital que un espacio cuidadosamente diseñado y planificado. La respuesta es el *chi*.

El *chi* es la energía primordial del universo. El *chi* es la fuerza que crea la mañana, las montañas, el mar y hasta el impulso que lleva al salmón a viajar cientos de kilómetros para desovar en el mismo lugar donde nació… Pero el *chi* también es la energía que recibimos de alguien que nos da su apoyo o su consuelo, que nos dirige una palabra de aliento o una mirada significativa, o la gracia que nos concede la presencia de un frondoso eucalipto, de un ramo de jazmines, del mar, de la montaña o la mañana…

Sin embargo, no es preciso tener o desarrollar un "sexto sentido" para percibir y comprender el *chi*. Basta con la vista, con el olfato, el tacto y el oído. Si se quiere saber cómo fluye el *chi* en un espacio determinado, sólo es necesario seguir nuestra atención instintiva. "Allí hacia donde converge nuestra atención, está el *chi*." Habitualmente, los comerciantes utilizan este principio de manera inconsciente, para atraer a sus clientes a través de carteles luminosos, objetos móviles, colores estridentes, altavoces, perfumes o aromas que exciten o convoquen el olfato, el oído, la vista, el tacto… Artilugios que no son sino formas de atraer la atención de la gente, su *chi*, y por lo tanto, la prosperidad y el bienestar.

El Feng Shui enseña que la clave del buen *chi* reside en la manera en que son estimuladas las percepciones. Y es un hecho que nuestras percepciones no deben ser bloqueadas, confundidas, ni aceleradas. El Feng Shui enseña a distribuir y ordenar los colores, las formas, la luz y los aromas, para así atraer el *chi* y que éste circule por la casa armoniosamente.

Tomemos otra vez el ejemplo de la naturaleza. Cuando el agua de un río fluye libremente, a una temperatura adecuada, sin problemas ni desperdicios, es posible meter las manos en el río y beber su agua... Pero si la temperatura desciende mucho, el agua se congela y forma bloques de hielo; y cuando se calienta demasiado, se evapora y desaparece; y cuando se estanca y no fluye, se ensucia y contamina y ya no sirve... Lo mismo sucede con la energía universal *chi*. Cuando fluye, nutre; pero si se desequilibra, perjudica y contamina. Si el *chi* se estanca, o corre con excesiva lentitud, restará vitalidad y generará trastornos de salud. Si por el contrario, fluye demasiado rápido, desconcentra, produce aceleramientos y nerviosismos y, por lo tanto, también puede enfermar.

Un ejemplo sencillo, acaso, esté en ese ropero que tenemos siempre desordenado. Ese desorden actúa directamente sobre nosotros. El caos transmite caos, y no sólo de una manera metafórica o psicológica... concretamente también, pues ese desorden suele generar pérdidas de tiempo al buscar tal o cual prenda, tardanzas que hasta pueden derivar en problemas laborales, los cuales a su vez originarán problemas personales, económicos, preocupaciones, estrés... enfermedad.

Así actúa el Feng Shui, cuidando en los detalles las grandes pautas de salud y comportamiento.

Un ejemplo, que alguien podría considerar pueril, es sin embargo válido por sintetizar la idea a expresar. Un hombre tenía en la puerta de su casa una rama de árbol que le obligaba a agacharse cada vez que entraba. Por pereza, el hombre no cortó la rama. Con el tiempo, su postura comenzó a encorvarse, de a poco sobrevinieron los problemas de cintura, y no sólo eso... sus vecinos, al ver que la rama crecía y obstaculizaba la entrada, dejaron de visitarlo y comenzaron, sin quererlo, a considerarlo un hombro hosco, huraño, antisociable... Una rama, una sola rama no podada a tiempo...

El *chi* es vitalidad, está en cada cosa y de su equilibrio depende la buena salud de la casa, y de ella, la buena salud, el confort y la vitalidad de sus moradores. Por eso un *chi* equilibrado resulta crucial. Pero no hay que perder de vista que ese equilibrio no es estático, sino más bien dinámico, un equilibrio como el de la bicicleta, en constante movimiento, en constante corrección.

Otro antiguo proverbio chino, dice: "Si quieres que se produzcan cambios en tu vida, mueve veintisiete cosas en tu casa". Todo cambia. Acaso lo único persistente en nuestro universo físico sea el cambio. El crecimiento y el movimiento producen cambios, y son signos del *chi* vital.

Un entorno fijo, retrasado en el tiempo, puede impedir o retardar la evolución de una persona, y hacer que ésta quede atrapada en viejas pautas de conducta. Por eso resulta tan natural, y sin embargo inexplicable, que de regreso de un viaje experimentemos nítidos deseos de hacer cambios en la casa, mover muebles, cuadros, cortinas, colores...

El Feng Shui enseña a realizar esos cambios, pero manteniendo equilibrado el *chi*. Un equilibrio que depende de la armonía de los elementos Yin y Yang, que todo lugar y toda cosa poseen.

El Yin y el Yang, el equilibrio

La ciencia médica entiende la enfermedad como el desequilibrio de la salud. El *equilibrio* es la base de la salud, de la belleza y de la armonía. Y según la cultura china, los latidos del corazón, la respiración, el sueño y la vigilia, el día y la noche, las pleamares y las bajamares, el hombre y la mujer, son todas manifestaciones del Yin y el Yang, de la eterna alternancia y del equilibrio de los opuestos que hace posible la vida. Desde la antigüedad, el Yin fue asociado a lo femenino, oscuro, suave, húmedo, posterior; con la tierra y la luna, habitualmente. El Yang, por el contrario, representa lo masculino, lo luminoso, lo fuerte, frontal, duro, seco, el cielo y el sol, por ejemplo. El punto exacto está en encontrar el equilibrio entre ambos.

Muchas veces, la arquitectura moderna, en su búsqueda de originalidad y espectacularidad, puede caer en una falta de equilibrio Yin y Yang que, secreta, subrepticiamente, rompe toda la armonía que se procuraba...

Esta sintética tabla permitirá establecer mejor las distintas manifestaciones del Yin y el Yang en la casa.

Yin	Yang
Colores oscuros y fríos.	Colores claros y cálidos.
Mobiliario de líneas curvas, sin ángulos marcados.	Mobiliario de líneas rectas y ángulos marcados.
Iluminación indirecta, tenue.	Iluminación directa, intensa.
Asientos bajos, ej: *puffs*.	Asientos con respaldo alto.
Ambiente silencioso.	Música, bullicio.
Revestimientos mullidos, ej.: alfombras.	Revestimientos duros: ej.: mosaicos.
Amplios espacios vacíos, minimalismo.	Sensación de amontonamiento, exceso de ornamentación.

Claro que ese equilibrio, esa armonía del *chi* lograda sobre la base de una correcta conjunción de elementos Yin y Yang, no se reduce a una simple equidad cuantitativa de tales elementos. No es tan simple.

Hay ambientes de la casa que se favorecen con un predominio de elementos Yin, en tanto hay otros que se relacionan mejor con las características Yang, y por último, hay algunos que requieren de un equilibrio Yin-Yang. Un dormitorio, por ejemplo, será mejor con un predominio Yin, cuando todo lo contrario sucede con la cocina, que precisa de más elementos Yang.

Las casas con demasiados elementos Yang son como esos roperos abarrotados de cosas que se derrumban sobre nosotros apenas abrimos las puertas, y que así nos conectan con lo que sobra, con lo que abruma, con lo excesivo y lo incontrolable, por ejemplo: con el sobrepeso, que siempre nos angustia.

Por el contrario, el exceso de elementos Yin transmite una sensación de desamparo, de soledad, de carencias que, inmediatamente, se relacionan con las propias carencias, ya fueran de amor, de dinero, de salud o trabajo...

A partir del Feng Shui, así se establecen los elementos según sus ambientes:

Predominio Yin	Equilibrio Yin-Yang	Predominio Yang
Dormitorios Cuartos de baño	Estudios Salas de estar Comedores	Recibidores Cocinas *Play-rooms*

El estímulo positivo que significa un lugar armonioso, vital y equilibrado es lo que suele llamarse belleza, bienestar, auténtico confort; esas cosas que el alma siente más allá de lo que la mente explique y que tanto tienen que ver con el desarrollo de la vida, de la salud de la persona, de su creatividad, y, por consiguiente, de su evolución.

Pero ese equilibrio no sólo depende de las manifestaciones Yin y Yang, sino también de los cinco elementos que componen a su vez esos elementos.

Los cinco elementos

El Feng Shui parte de la base de que todo, los seres humanos también, está compuesto de cinco elementos esenciales: madera, tierra, fuego, agua y metal... y que sólo cuando esos elementos están presentes en forma equilibrada, es posible lograr el verdadero bienestar, el correcto fluido del *chi*, el exacto equilibrio del Yin y el Yang.

Los chinos entienden que todo en el universo tiene una correspondencia con estos cinco elementos de la naturaleza. Cada uno de ellos, además, representa las cinco formas distintas en que se manifiesta el *chi*. Su importancia para el Feng Shui radica en cómo se interrelacionan estos cinco elementos entre sí y las consecuencias que tales relaciones generan o desencadenan.

Para equilibrar en un ambiente la presencia y justa combinación de estos cinco elementos, el Feng Shui recomienda tres pasos básicos previos:

1- Identificar los elementos del entorno.

2- Evaluar la necesidad de efectuar modificaciones en la relación o presencia de esos elementos.

3- Posibilidades concretas de equilibrar la presencia de esos elementos, sin romper el equilibrio Yin-Yang.

A partir de estas premisas, es posible decodificar el ambiente según sus elementos, y luego ver cuáles son las necesidades y posibilidades que existen para equilibrarlo.

Desde luego, es muy importante tener en cuenta que cada uno de los cinco elementos se corresponde con una variada gama de factores (colores, formas, aromas y texturas), que, en su conjunto, componen un lenguaje que nos permite entender la casa, su alma, su ser y su conducta.

En esa correspondencia, primero, están los elementos en sí mismos: la tierra, la madera, el metal, el agua, el fuego... Pero claro, también hay fuego en la figura de un animal y en los aparatos electrodomésticos, así como hay metal en las piedras y agua en los espejos, o tierra en el cuadrado de una mesa...

Aquí tenemos algunas correspondencias concretas que vale tener en cuenta:

MADERA

- Colores verdes y azules.
- Obras que representen jardines, parques, plantas y flores.
- Todas las plantas y las flores, naturales o no.
- Pisos de madera.
- Tapicería y cortinajes con motivos florales.

- Una columna.
- Cualquier cosa a rayas.

FUEGO

- Toda la gama del rojo.
- Animales domésticos. Cuadros, estampados o esculturas con animales.
- Todo tipo de iluminación.
- Pieles, huesos, plumas, cueros.
- Obras que representen al sol, la luz o el fuego.

TIERRA

- Cerámica o loza.
- Adobe, ladrillo y teja.
- Toda la gama del marrón y el amarillo.
- Formas cuadradas y rectangulares.

METAL

- Todos los metales.
- Todas las piedras. Mármol, cuarzo, granito, laja...
- Cristales naturales.
- Colores pastel y las gamas del blanco.
- Formas circulares.

AGUA

- Superficies refractarias, como cristal tallado, vidrio y espejos.
- Formas asimétricas.
- Colores oscuros, azul marino y negros.

49

También existe la posibilidad de establecer los cinco elementos en un solo conjunto. Una pecera suele ser el mejor ejemplo de cómo pueden reunirse y combinarse. El agua y sus vidrios representan el elemento agua. Las plantas, el elemento madera; la arena del fondo y las piedras, el elemento metal; la luz eléctrica que la alumbra, y por supuesto sus peces –animales vivos– manifiestan el elemento fuego. Así pueden y deben combinarse, manteniendo a su vez, en ellos, el equilibrio Yin-Yang que se desprende de cada objeto y su diseño, sus colores, sus texturas y sus formas...

Pero para combinar mejor los elementos, resulta fundamental tener en cuenta cómo se relacionan los cinco naturalmente.

Con ese objetivo, los chinos distinguen dos ciclos básicos de relación entre los elementos: el ciclo de producción o creación, y el ciclo de control o destrucción.

CICLO DE PRODUCCIÓN:

La madera arde y crea el fuego.
El fuego se extingue y genera la tierra.
La tierra permite obtener el metal.
El metal se licua y genera agua.
El agua alimenta a la tierra y genera más madera.

CICLO DE CONTROL:

El metal corta la madera.
La madera absorbe la tierra.
La tierra absorbe el agua.
El agua apaga el fuego.
El fuego funde el metal.

Cuanto mejor se manejen los ciclos de construcción y control de los elementos, mejor se manejará la combinación y el equilibrio entre ellos, y por lo tanto, las formas y recursos para restablecer o activar el *chi* de la casa.

Así, la sabia combinación de los cinco elementos de la naturaleza, y sus manifestaciones Yin y Yang, favorecen el fluido del *chi* en una vivienda, optimizando el equilibrio personal y la salud de sus moradores.

La dimensión del detalle

Según el Feng Shui, "el batido de las alas de una mariposa puede desatar una tormenta al otro lado del mundo". Desde ese punto de vista, nada en la naturaleza existe de manera autónoma. Y así tampoco en la vivienda.

Cada cosa, cada objeto, cada mueble, cada utilitario, contiene una historia, ejerce una influencia, crea una experiencia: nos modifica... Por eso, pequeños cambios pueden generar grandes mutaciones. La dimensión del Feng Shui es la dimensión del pequeño detalle, de lo inadvertido, de lo sutil.

El Feng Shui estudia los efectos de todo cuanto nos rodea: calles, montañas, edificios, torres; y también los elementos de la construcción y la decoración, la distribución de los cuartos, de los salones, la ubicación de la cocina, de la cama, de una mesa, un despacho, un adorno... Hasta el último detalle.

La tendencia actual en arquitectura apunta a pensar el Feng Shui como en una *gramática del espacio*: una estructura flexible sobre la cual cada uno puede expresar su propia individualidad y sus propias preferencias. En muchos aspectos, puede compararse el Feng Shui con la acupuntura. El acupunturista busca esas regiones del cuerpo en las que la energía se encuentra estancada, acelerada o interrumpida, y luego trata de corregir el problema aplicando agujas para aumentar o disminuir el flujo de energía en tales zonas. El experto en Feng Shui hace algo parecido, pero en una casa, detectando los lugares donde se estanca o acelera la corriente universal *chi* y corrigiendo esos puntos para normalizar su fluido.

Las puertas de una casa, por ejemplo, en el Feng Shui, se consideran verdaderas entradas (bocas) de energía. Cuando ingresamos en una habitación, nos sentiremos de manera diferente según la disposición energética ambiental. Lo sepamos o no. Si cada vez que entramos en un cuarto la puerta suena de manera desagradable, por ejemplo, ese sonido, repetido una y otra vez, termina por exasperar los nervios de todos los que conviven en la casa y desatar así un estado de estrés generalizado.

Parece muy simple, pero las grandes mejorías que a veces se obtienen con mínimos cambios pueden resultar extraordinarias. Según el Feng Shui, la entrada a cualquier ámbito ha de ser una experiencia agradable. Muchas veces unas plantas, la iluminación adecuada y un simple movimiento de muebles logran el efecto necesario.

En ocasiones, el tamaño de los muebles puede no ser proporcional al tamaño del ambiente donde se encuentran. Así un sofá enorme, en una habitación pequeña, roba energía al lugar; mientras que dos sillas pequeñas, solitarias, en un local grande, inspiran un sentimiento de desprotección y desorientación que apoca la personalidad.

Para la antigua filosofía china, "las cosas importantes" abarcan "todas" las cosas de la vida: la persona y el universo, el alma y la materia, el mundo concreto y el mundo del espíritu. Todo es de suma importancia para el Feng Shui, dado que cada cosa es "una letra" necesaria del libro del tiempo, una pieza fundamental en la dinámica del universo. Según los chinos, lo que llamamos "destino o suerte" puede preverse y modificarse. El Feng Shui así lo cree y lo practica.

Razones milenarias

Desarrollados a partir de la pura observación, los principios del Feng Shui indican que, a la hora de escoger el sitio correcto para una vivienda, deben tenerse en cuenta los ciclos naturales de su entorno, la orientación magnética, los vientos dominantes, y las características geográficas del lugar. Con especial atención a las formas sugeridas por montañas, por la presencia de agua, y por la vegetación y fauna del lugar.

A partir de estos cuidados y atenciones, el Feng Shui puede actuar proporcionando salud y vitalidad a la vivienda y sus moradores.

Cualquier buen maestro de Feng Shui sabe cuánto el entorno cercano puede influir en el equilibrio psíquico y físico de sus habitantes.

Las primeras manifestaciones somáticas que suelen alertar sobre una vivienda insana son las alteraciones del sueño, la dificultad para levantarse por la mañana, una sensación de mayor cansancio tras el supuesto descanso, mareos matinales y otros malestares típicos como las reacciones alérgicas, el agotamiento crónico y los dolores persistentes de cabeza y espalda.

En tal sentido, la correcta ubicación de la cama, o de los lugares de permanencia, es crucial porque permite recuperar la salud y la vitalidad. Un espacio equilibrado genera bienestar interior. El equilibrio espacial se logra mediante su simetría, sus proporciones, su forma, su luz, su color y su distribución. El espacio que invita a permanecer en él favorece la armonía interior de las personas que lo frecuentan, potenciando así el desarrollo personal y clarificando sus objetivos.

Espacio y personalidad están relacionados. Se trata de identificar y sustituir los elementos decorativos que actúan como freno, por otros que, a cambio, estimulan la consecución de nuestros objetivos. También los productos a la venta en espacios comerciales, o los productos inmobiliarios a la venta, pueden potenciarse con la aplicación del Feng Shui. La correcta ubicación, el buen uso del color y las formas, y la compensación de factores ambientales incidentes facilitan la dinámica del comercio. Esto es un hecho.

Hay soluciones para todos los casos; se trata de lograr el efecto deseado con la mínima intervención y respetando siempre las características personales del lugar y de nosotros...

Un florista tenía su local oculto hacia el fondo de una galería. La gente nunca llegaba hasta allí, y lógicamente, el negocio iba de mal en peor, arrastrando en su decadencia la salud de su dueño. Un día un experto en Feng Shui le sugirió equilibrar los cinco elementos pintando una guirnalda de flores a lo largo de una pared que corría desde el centro de la galería hacia el local, y luego bastó colgar un móvil con motivos de pájaros en la puerta de la tienda. La tierra, el agua, el metal, el fuego y la madera quedaron equilibrados. Luego la gente, guiada por la guirnalda, sus colores y su forma, atraída por los pájaros del móvil de la puerta, comenzó a llegar hasta la tienda, a entrar y a comprar. El negocio prosperó, y la salud de su dueño recuperó toda la vitalidad. Un pequeño detalle como el batido de las alas de una mariposa, y sin embargo...

Hoy, ahora, acá

Claro que nada tienen que ver nuestras ciudades modernas y el ritmo de la vida actual, con los diáfanos paisajes donde se originó el Feng Shui, ni con aquellos hombres con los que les sobraba el tiempo para contemplar las estrellas, obeservar los vientos, el curso de los ríos... Sin embargo, por estar siempre en permanente evolución de acuerdo con los cambios que enfrenta, el Feng Shui, con su mensaje de calma y armonía, no sólo mantiene su vigencia, sino que gana espacio y trasciende fronteras en el estrepitoso mundo de hoy.

La clave, acaso, es que se trata de un arte, pero también de una ciencia, con capacidad de diagnóstico, fórmulas matemáticas y terminología especializada. Sus objetivos abarcan tanto el plano espiritual, como el material. Allí donde actúa, el Feng Shui procura generar relaciones armoniosas, favorecer la salud, atraer la abundancia y la prosperidad. Pero arte o ciencia, el Feng Shui es un sistema de vida que se concentra en la práctica. Y como la vida misma, es una aventura. Una aventura basada en la certeza íntima de que no hay progreso verdadero si mantenemos la falsa división hecha entre el plano material y el espiritual.

La cuestión es, hoy, cómo aplicar el Feng Shui a nuestra vida diaria, a nuestra realidad moderna de oficinas populosas o espacios estrechos, rodeados de edificios y autopistas, de grandes avenidas o en pleno centro de la gran ciudad.

Aquí el Feng Shui recomienda trabajar con la energía de las ocho direcciones cardinales, reubicar el mobiliario, modificar colores, materiales y texturas, hasta lograr un buen flujo del *chi*.

La energía *chi* se transforma de manera constante, a través del tiempo, de los espacios, de los ambientes; por lo tanto, en un aspecto práctico y realista, el Feng Shui puede ayudarnos a diseñar espacios y ambientes agradables basados en patrones de la naturaleza, como indica la teoría Yin-Yang y la de los cinco elementos.

A partir de estas técnicas, pueden operarse grandes cambios en la vivienda y, por consiguiente, en sus moradores. Después de todo, los seres humanos funcionamos a partir de nuestras percepciones, de los estímulos externos que recibimos. No debe sorprendernos, entonces, que un cambio de color, de mobiliario, un detalle, produzca en nosotros sensaciones distintas, nuevas, inconscientes pero concretas.

Y esto vale tanto para la vivienda como para el comercio o la oficina. Porque en todas partes somos susceptibles a los estímulos. En ocasiones, la causa de que muchos negocios que en un principio van bien, pero luego empeoran, suele residir en nuevas construcciones hechas por los alrededores, o en cambios impensados dentro del propio local, cambios originados por una necesidad de espacio, pero sin ningún cuidado por los principios del Feng Shui... alterando así toda la energía del lugar.

Suele decirse que para un negocio, una fábrica o una tienda abierta al público son primordiales la estrategia, la calidad y el servicio. Sin dudas. Pero muchas veces se ignora que si esas instalaciones no están de acuerdo con los buenos principios del Feng Shui, habrá dificultades a la hora de competir con las empresas del sector, problemas con los clientes, más gastos que ingresos, dificultades con la producción y su ritmo, y hasta conflictos con los empleados... Y acá de nada vale el mucho esfuerzo de sus dueños, porque es la energía *chi* la que no fluye correctamente.

El dueño de un taller mecánico tenía como cliente a un experto en Feng Shui. Éste, en una de sus visitas, le sugirió girar su escritorio noventa grados. El hombre lo hizo. Un mes después, el cliente experto en Feng Shui volvió al taller y el dueño le agradeció calurosamente su consejo. Recién entonces le confesó que su negocio llevaba meses sin ganancias, y que estaba a punto de quebrar. El hombre, por supuesto, no sabía nada de Feng Shui, pero en su desesperación estaba decidido a probarlo todo. Cambió la posición de su escritorio, y apenas dos días más tarde, un antiguo cliente apareció después de mucho a pagarle una deuda que él creía olvidada... y de a poco el negocio se recuperó. Aquel escritorio, en su antigua posición, obstaculizaba la visión y el paso del visitante, que así, inconscientemente, era espantado. Un detalle, pero...

El edificio en su totalidad, y el sitio de trabajo en particular, son igualmente importantes para el Feng Shui. Las oficinas divididas a partir de paneles bajos, y cuyos escri-

CURAR LA CASA SANAR EL ALMA

torios dan la espalda a los pasillos de circulación, son poco auspiciosos según el Feng Shui. Un buen lugar de trabajo debe estar protegido por detrás y a los lados del trabajador, y abierto hacia el frente.

En Feng Shui, estos cuatro lados reciben nombres específicos. El lado de la derecha es el Lado Tigre, el de atrás el Lado Tortuga, el Lado Dragón es a la izquierda, y el lado Fénix, adelante. Cuando el Lado Fénix se encuentra despejado, y permite una buena visión del entorno, la energía fluye de una manera más natural. Estas denominaciones pueden sonar extrañas al oído occidental; sin embargo, estudios recientes de la *Buffalo Organization for Social and Technological Change* demuestran que los antiguos chinos estaban sorprendentemente acertados. Según tales investigaciones, el número y la altura de los paneles que rodean a un trabajador es uno de los tres factores más importantes que influyen sobre el rendimiento de cada empleado en su puesto de trabajo y también sobre la comunicación entre ellos.

La configuración ideal se logra con tres paneles altos: uno por detrás y dos a los lados... una perfecta analogía del Tigre, el Dragón y la Tortuga.

Por otra parte, el hombre y la mujer de hoy pasan largas y muchas horas en su lugar de trabajo, concretamente, en su escritorio personal. Según El Feng Shui, la ubicación de ese escritorio es vital para nuestro desenvolvimiento laboral. Si en el ámbito de trabajo hay también otras personas y se les da la espalda, la sensación será de inseguridad, el temor a que permanentemente se nos esté observando sin que nos demos cuenta, un sentimiento de exclusión, nada bueno... A veces, basta con modificar la posición del escritorio, y cuando eso no es imposible un pequeño espejo retrovisor disimulado entre plantas puede resolver el problema. Los expertos también aconsejan no colocar el escritorio directamente frente a una ventana, porque acaso el paisaje que desde allí se vea disipe la atención y así dificulte la concentración. Tampoco es bueno ponerlo debajo de un techo angular o muy bajo, muy pegado a la cabeza. Según el Feng Shui, hay que tener "espacio encima de nosotros para poder pensar mejor". En definitiva, se trata siempre de estar atento a la *dimensión del detalle* que postula el Feng Shui.

En San Francisco, donde el uso del Feng Shui es habitual dada la gran comunidad china que allí reside, se le aconsejó a un empleado que moviera su escritorio de lugar. El escritorio estaba frente a la fotocopiadora general de la oficina. A poco de trasladarlo el empleado sintió una mejora en su salud, cesaron los dolores de cabeza y mejoró por consiguiente su rendimiento. Puro Feng Shui, simple sentido común. El desfile constante de personas que usaban la fotocopiadora llevaba hasta su escritorio las quejas y los pesares de todos sus compañeros que, mientras esperaban su turno, le hablaban, lo distraían y lo aquejaban...

Son muchas ya las pruebas de eficacia que ha dado el Feng Shui a lo largo de los siglos, y no sólo en el Oriente.

Después del famoso terremoto de Taiwan, se han reconstruido allí muchos colegios e institutos según los principios del Feng Shui, y así se consiguió un marcado descenso del ausentismo, de los conflictos entre profesores y alumnos, y de los problemas de salud en general.

Las torres Petronas de Singapur fueron construidas según los principios del Feng Shui. Por eso la forma de su base se ajusta a una estrella de ocho puntas.

El estudio Norman Foster se vio obligado a modificar su proyecto para el Banco de Hong Kong y Shangai (un edificio de cuarenta y siete pisos) siguiendo, a pedido de sus dueños, los principios del Feng Shui. Estos mismos principios se utilizan hoy en día en Inglaterra y los Estados Unidos para determinar la localización y el diseño de viviendas, restaurantes, oficinas y locales, como los de *British Airways, The Trump International Tower and Hotel, The Body Shop, Gap, Elizabeth Arden* y *Barney's*, entre otros.

Es un hecho, además, que ciertos proyectos arquitectónicos, también en el área de Nueva York, fueron diseñados con atención al genuino Feng Shui. Por caso, el antiguo edificio de la *Gulf and Western Building* (propiedad de la *General Electric*) y el *China Trust Bank de Flushing*, en *Queens*.

Importantes estudios demuestran sobradamente la eficacia del Feng Shui en todas las áreas de la construcción. Cada vez más se procura un ambiente y un diseño que favorezcan la vida laboral y, por lo tanto, su capital humano. Claro que no todo se resuelve ni se complica con paneles de cerramiento. El Feng Shui considera, como ya fue dicho, todos y cada uno de los elementos de la vida, y en esos elementos, tanto encuentra un obstáculo, como una herramienta. Ahí su arte, su ciencia.

La casa de Amityville:

Uno de los casos más perturbadores que registra la historia es el ocurrido en la localidad de Amityville, en los Estados Unidos, donde hace ya varias décadas una familia fue literalmente expulsada de su vivienda por entes de naturaleza desconocida y hasta el día de hoy nadie ha sido capaz de volver a habitar el lugar. La casa en cuestión está ubicada en el 112 de *Ocean Avenue*, en Amityville, Nueva York. Allí, en la madrugada del 15 de noviembre de 1974, el hijo mayor de la familia DeFeo, de tan sólo diecisiete años, asesinó a sangre fría y con un rifle a sus padres y a sus cuatro hermanos.

En un principio, sin embargo, el caso parecía no tener sospechosos. Los investigadores no advertían ningún indicio veraz que les permitiese dudar de alguien en concreto... Pero pronto uno de los detectives encontró, en el cuarto del único sobreviviente, dos cajas de cartón de balas para el mismo rifle con que se habían perpetrado los asesinatos. Así, poco después, el mayor de los hermanos DeFeo fue condenado a veinticinco años de prisión.

Sin embargo, la fantástica historia de la casa de Amityville comenzaría recién el 28 de diciembre de 1974, casi un mes después de producidos los crímenes, cuando otra familia –compuesta por el matrimonio de George y Kathy Lutz y sus pequeñas hijas– se mudó a la casa de la avenida Ocean. A raíz de la negra fama ganada por la vivienda, la casa, espaciosa y de muy atractiva arquitectura, salió a la venta a muy bajo precio; los Lutz decidieron no prestar atención a los hechos ocurridos un mes atrás y compraron el inmueble. Pero sólo podrían vivir allí por dieciséis días.

Desde un primer momento, el matrimonio y sus dos pequeñas hijas percibieron vívidamente una presencia sobrenatural, que se acentuaba con los días. En un principio, se oían ruidos extraños, luego comenzaron a ver manchas en las paredes y malos olores en los cuartos sin motivos aparentes... Por fin las puertas y las ventanas comenzaron a abrirse y cerrarse solas.

Kathy Lutz afirmaría después que en más de una ocasión sintió vívidamente que era observada por alguien, y que hasta llegó a ver unos ojos rojos que la miraban desde la oscuridad a través de la ventana. De repente, comenzó a tener pesadillas reincidentes que recreaban en sueños los crímenes sucedidos en la casa, sólo que entonces las víctimas eran los miembros de su propia familia.

Según trascendió después, aunque sin confirmarse nunca, poco tardaron los Lutz en caer ellos también en actos violentos, pese a que ninguno jamás quiso hablar del tema.

Lo cierto es que a los pocos días de habitar la casa, el matrimonio Lutz se convenció de que el lugar estaba poseído por una presencia demoníaca y recurrió al sacerdote de la iglesia más cercana, quien luego juraría públicamente que al intentar bendecir la casa escuchó una voz que lo echaba y lo insultaba claramente. Según los relatos de la época, cuando el sacerdote ingresó en la casa, el ambiente se llenó de un olor putrefacto y una nube de moscas invadió el lugar.

La visita del sacerdote marcó el día en que los sucesos paranormales comenzaron a incrementarse, a tal punto que los Lutz debieron abandonar para siempre la casa, que desde entonces se encuentra deshabitada, y sobre la cual pesa el estigma ya irredimible de la leyenda de Amityville.

La familia Lutz nunca quiso hablar abiertamente de lo vivido en aquella vivienda. Apenas confirmaron la historia y sólo revelaron generalidades en una entrevista concedida a la televisión norteamericana cinco años después... Luego, sólo misterio.

Capítulo III

LAS HERRAMIENTAS DEL FENG SHUI

Existen a nuestro alrededor, las utilicemos o no, una serie de herramientas de las que se vale el Feng Shui para modificar, estabilizar y finalmente equilibrar la energía *chi*. Vale decir: para mejorar nuestra vivienda, con todo lo que eso significa. Porque no sólo el diseño y la construcción definen las virtudes de una casa. Hay muchos otros factores que influyen sobre el resultado final de un hábitat. Los colores, la iluminación, los espejos, las estructuras acuáticas, los cristales, todas herramientas básicas, y acaso mágicas, del arte del Feng Shui. Y por eso ninguna de ellas merece menos atención que la otra.

Los colores

El color influye de manera directa sobre el ánimo. De hecho, la mente humana está condicionada por las asociaciones y los valores que se le otorga desde siempre, culturalmente, a cada color. Sin embargo, esas asociaciones pueden variar. Así el blanco, por ejemplo, que en Occidente se asocia a la pureza, en Oriente representa luto. Lo mismo ocurre con el rojo, que en Occidente alerta el peligro y en Oriente es el color de la alegría y de los buenos augurios. Así también el negro, que en Occidente demuestra duelo, en Oriente significa riqueza...

Pero aun así, más allá de sus propios valores culturales, para el Feng Shui los colores están básicamente asociados a sus cinco elementos. De manera tal que es posible equilibrar el *chi* de un ambiente con sólo cambiar los colores que predominen allí. Nada de esto, por otro lado, debe contradecir el gusto personal. La gama de cada color permite encontrar el tono de su preferencia. El azul va del celeste pastel hasta casi el negro, pasando por el turquesa, el azul marino, el azul cobalto... y así todos.

Pero para ordenarlos de alguna manera, éstos serían los valores intrínsecos de cada color según el Feng Shui.

El rojo: Representa el elemento fuego. En China es considerado de buen augurio. Culturalmente, está asociado con el calor, la pasión y la energía vital. El rojo aumenta la presión sanguínea y estimula al apetito. Los hombres suelen preferir los rojos anaranjados, mientras que las mujeres se inclinan más frecuentemente por los rojos azulados, como el púrpura o el *bordeaux*. El rojo se asocia también al ceremonial y a las ocasiones especiales, ya que es un color que en la naturaleza aparece concentrado en superficies pequeñas: el rojo delata la flor, el fruto, o algo en especial. El rojo atrae la atención, indica y alerta. Es el color que también corresponde a la longitud de onda más larga, o a la frecuencia más baja. También por eso suele asociarse con el instinto.

El amarillo: En China es el color imperial, y corresponde al elemento tierra. Es el color del sol, de la luz, del día, del optimismo, de la inteligencia y de la claridad. Los tonos más intensos de este color también pueden producir ansiedad, especialmente en personas de edad avanzada. El amarillo es sensible a los cambios de tonalidad, y en ciertos planos, está asociado a la degradación o la enfermedad. Por ejemplo: la "fiebre amarilla", o la "prensa amarilla".

El blanco: Corresponde al elemento metal y supone la suma de todos los colores. El blanco lo refleja todo y no esconde nada. Irradia pureza y limpieza, aunque en ciertos lugares, o en ciertos objetos, puede generar una sensación de vacío y frialdad. El exceso de blanco tiende a cansar la vista; sin embargo, la superficie blanca actúa también en forma de pantalla sobre la cual nuestros pensamientos consiguen proyectarse. Por lo tanto, el blanco bien puede estimular la actividad intelectual y disparar la imaginación en los trabajos creativos.

El azul: En China se asocia a la inmortalidad. Es el color del elemento agua. En Occidente, el azul es el más difundido en la vestimenta. Se presenta en grandes extensiones en la naturaleza: el cielo y los mares, frente a los cuales solemos adoptar una actitud contemplativa, reflexiva. Es un color sedante: disminuye las pulsaciones, baja la presión sanguínea, disminuye el apetito... Conduce a la introspección y la pasividad.

El verde: el color del elemento madera, de la vida vegetal y de la primavera. Evoca crecimiento, expansión, tranquilidad, salud y rejuvenecimiento.

Es muy sedante para la vista, aunque no posee el efecto relajante del azul. Al igual que el amarillo, sufre de algunas asociaciones poco felices, como ser la inmadurez, la envidia, y la inestabilidad.

Ahora bien, según la zona o el ambiente de la casa que se trate, corresponde el predominio de un color u otro. La parte correspondiente a la riqueza, por ejemplo, conviene que sea de un intenso color lavanda, azul o rojo, o bien en tonos pastel de ambos colores... La parte correspondiente al amor y a la pareja se verá favorecida por los rojos claros, rosas o blancos. El hábitat profesional es mejor en colores oscuros o negros, ya que permite una fluida circulación del *chi*. La zona de la salud y la familia, en cambio, recibirá mejor los efectos de los azules y verdes. Y en el centro social de la vivienda, es preferible que predominen los amarillos y los colores terrosos.

En su poderío sobre el ánimo de las personas, una buena combinación de colores es una de las claves del Feng Shui. Pero sin olvidar que todo color, estará siempre sujeto a la luz que reciba y refleje.

La luz

La iluminación es, en sí misma, diseño, arquitectura, color y forma.

El nivel de iluminación es decisivo a la hora de armonizar un ambiente. Para eso se imponen luces claras y brillantes, similares a la luz solar, en los sitios como la cocina o dondequiera que trabajemos y leamos. Luces más suaves y discretas en los sitios donde se desarrolla la vida social y luces más íntimas en la recámara. Estos serían, a grandes trazos, los preceptos de una correcta iluminación.

Para el Feng Shui, el concepto de iluminación incluye, desde la luz eléctrica (incandescente o alógena) hasta las lámparas de aceite, las velas y, por supuesto, la luz del sol.

La luz es un medio rápido y eficiente para atraer o equilibrar el chi de un lugar, y le aporta claridad y calor. Muchas veces, incluso, es posible agrandar o modificar un espacio a partir de su iluminación. Un techo demasiado bajo, por ejemplo, se puede "subir" con sólo enfocarle algunas luces directas y potentes.

Pero también en este punto han de primar el gusto y las sensaciones personales. Para eso nada mejor que sintonizar la forma en que la iluminación nos afecta el ánimo, y luego, a partir de lo que nuestra intuición nos indique, modificar la intensidad luminosa y hasta el color de los focos. El Feng Shui procede de la naturaleza, y cuando nos armonizamos con el ambiente, atentos a lo que nuestra naturaleza nos señala, es posible obtener resultados muy efectivos.

Es bueno recordar que la poderosa influencia de la luz en los neurotransmisores cerebrales modifica la atención, el humor y el comportamiento, y así altera la salud humana y afecta al rendimiento laboral. Por eso en épocas invernales, u otoñales, debido a la escasez de luz natural se

69

observa un incremento de la depresión y de las crisis de ansiedad. Un síntoma conocido también con el nombre de Trastorno Afectivo Estacional.

En invierno, la mayoría de las personas tiende a usar ropas en colores oscuros, a comer en exceso y a recluirse cada vez más. Teniendo en cuenta que habitualmente pasamos hasta el ochenta por ciento del tiempo en entornos cerrados, durante el invierno, debido al frío y a la escasez de luz, el encierro es casi total, y esto, claro, puede aumentar o disparar la depresión.

A este cuadro suele agregarse la pobre iluminación tan habitual en hogares, escuelas y oficinas, donde unos escasos trescientos o quinientos lux de intensidad pretenden competir con los diez mil lux que ofrece la luz natural en un día nublado... o los ciento cincuenta mil lux de un mediodía radiante.

Por otro lado, la luz artificial no contiene los colores del sol. Las lámparas incandescentes emiten una luz cálida, con dominante naranja–rojo y ausencia casi total de tonos de alta frecuencia: verde, azul y violeta. Además, la iluminación incandescente derrocha el ochenta por ciento de la energía eléctrica en forma de calor inútil. Por el contrario, las lámparas fluorescentes corrientes, aunque dan una luz fría de dominante verde–azulada, son deficientes en violetas y rojos. Por otro lado, las reactancias usuales parpadean a cincuenta *hertz,* y también generan una contaminación electromagnética (*elektrosmog*), algo que induce las ondas cerebrales de estrés, además de fatiga crónica y cansancio visual.

La investigación en fotobiología demuestra que una falta crónica de luz puede provocar depresión –como el Trastorno Afectivo Estacional–, aparte de otras alteraciones, como insomnio, estrés, ansiedad, cefaleas, mareos, fatiga crónica, raquitismo, incluso inapetencia sexual, llegando hasta la impotencia o la esterilidad.

Sabido es que la luz condiciona la agudeza visual y la percepción de los colores. Hoy la ciencia permite afirmar que la luz es biodinámica, pues afecta al sistema endocrino y todos los sistemas biológicos. Especialmente, la ausencia de luz solar influye negativamente sobre el estado de ánimo y afecta la capacidad del cerebro para el manejo de la información. Por todo esto la calidad de la iluminación artificial es tan significativa para salud humana, como para la seguridad y el rendimiento laboral.

El ciclo circadiano de la luz (noche-día) produce la estimulación de los neurotransmisores cerebrales. La luz diurna activa y estimula. En ausencia de ese estímulo luminoso, aumenta la melatonina (la hormona del sueño). Así, la falta de un ritmo luminoso adecuado puede causar somnolencia matinal y/o insomnio de noche. Estas patologías son de mayor gravedad en otoño y en invierno, al acortarse el ciclo de luz y recluirnos más.

Una luz brillante, a partir de una intensidad de ochocientos a mil lux, nos dice que ya es de día, despierta el ánimo sin necesidad de café ni de tabaco y proporciona serotonina al cerebro, la hormona de la actividad y del buen humor. Esto se produce naturalmente al mirar al sol, pero en entornos cerrados la iluminación es biológicamente insuficiente, nuestro cerebro sigue pasivo y por ello nos induce al pesimismo, al cansancio y al sueño.

Pero además de la cantidad de luz, también afecta, en el nivel neurofisiológico, el color de esa luz. Es evidente que los colores alegres e intensos motivan de manera positiva, levantándonos el ánimo. El abuso del blanco en interiores o el predominio de colores serios y tristes, como el gris o el beige en un vestuario, producen síntomas de conducta depresiva.

Investigaciones de mercado en *marketing* y publicidad han demostrado hasta qué punto el color de la luz y de los objetos afecta nuestros reflejos, toma de decisiones y estados de ánimo. A efectos terapéuticos, la iluminación y el color de nuestro entorno arquitectónico son los factores más influyentes, pues el colorido de techos y paredes, como el del mobiliario, permanece por muchos años incidiendo sobre nosotros.

El uso correcto del color y la iluminación puede incrementar hasta el ochenta y cinco por ciento la energía personal, multiplicando sus efectos por la cantidad de personas que habiten o trabajen en ese lugar. Luz y color, manejados según un buen Feng Shui, pueden conseguir un ambiente social o familiar saludable, tanto en lo espiritual como en lo físico y lo psíquico.

Los objetos naturales

Minerales, piñas, piedras, flores secas, madera, caracoles, todos aquellos objetos de la naturaleza que no precisan ser mantenidos activamente suelen ser excelentes herramientas para lograr un buen Feng Shui. Más aún cuando estos objetos están dotados de algún valor personal o sentimental. Entonces pueden convertirse en poderosos elementos de armonización del *chi*, o sea, de nuestro bienestar.

Un caracol recogido en una playa donde pasamos algunos días de ensueño, una piedra que trajimos de aquella montaña donde vivimos tantas horas felices, una madera extraída de un bosque donde alcanzamos un instante de plenitud... todos son objetos naturales que simbolizan algo positivo, cuya fuerza se manifiesta con su sola presencia sobre nuestro ánimo y lo elevan, lo potencian y lo curan.

En China, aún hoy, a ciertas piedras, seleccionadas por su tamaño, color y diseño, se les otorga un valor comercial igual o mayor que el que tienen ciertas esculturas o piezas de arte. La razón es, justamente, que se las considera como grandes depósitos de energía natural *chi*.

Cuando las ramas, piñas, flores secas o piedras adoptan una forma armoniosa, estimulan la imaginación y así activan nuestra creatividad generando instantes de verdadero e íntimo placer.

Todos los elementos naturales tienen diversas caras y perspectivas, sólo hay que hallar en ellos sus mejores perfiles y características o el lugar adecuado donde colocarlos, así como un marco enaltece una pintura o un engarce una joya. Una vez más sólo se trata de seguir los instintos guiados por el sentido de la belleza y la búsqueda del bienestar personal.

Ahí la brújula y su Norte.

Los espejos

Los espejos, dentro del Feng Shui, son considerados una verdadera panacea capaz de curar distintos males. Por empezar, resuelven con gran facilidad problemas de sensación espacial, ampliando un pequeño ambiente en tanto lo reflejan y multiplican.

Colocados estratégicamente también son capaces de añadir luz natural a un lugar de por sí oscuro, descubrir entradas, revivir paredes desaparecidas y duplicar ventanas y panoramas. Por lo demás, bien pueden reflejar la luz y el paisaje exterior dentro de un local que, de otra manera, parecería apagado y marchito.

Así los espejos realzan, activan y hacen fluir el *chi*, y por eso son conocidos como "las aspirinas del Feng Shui".

Con frecuencia los vemos en vestíbulos, donde conceden una amplitud ilusoria a las entradas de los edificios. Por regla general, para el Feng Shui el tamaño indicado del espejo será "cuanto más grande, mejor". Cubrir una pared completamente con un espejo duplica el ambiente haciéndolo más dinámico, vital, y por lo tanto, más saludable. Pero eso sí: pequeños o medianos, todo espejo debe reflejar, al menos, la cabeza completa de la persona que se asome a él. De lo contrario, si esa persona debe ponerse en puntas de pie para mirarse la cara, su *chi* mermará sensiblemente. Por igual razón, son desaconsejables los espejos que distorsionen la imagen, o aquellos que no la reflejen con absoluta claridad debido a manchas, roturas o deformaciones propias.

La forma del espejo también influirá sobre el uso que se le dé o el lugar donde se lo coloque. Un espejo ovalado o circular –formas asociadas con el elemento metal– pueden ser propicios para aquellas zonas de la casa relacionadas con la creatividad y los hijos... Un espejo vertical, de cuerpo entero, enmarcado en madera, resulta un muy buen estímulo para la zona relacionada con la salud y la familia.

Por supuesto, como toda herramienta, los espejos también conllevan sus riesgos. Colocados al final de un pasillo, no hacen más que duplicar ese corredor sin salida proporcionando una sensación de angustia inexplicable pero tangible. Para eso es preferible disponerlos en forma transversal, junto a las puertas que dan al pasillo, y así se ensanchará ese corredor, aliviando la sensación de quienes lo atraviesen. Colocados frente a la cama, en cambio, pueden apabullar a los que duerman allí, provocándoles dificultades para conciliar el sueño y hasta insomnio... Después de todo, los espejos estimulan y atraen el *chi*, por lo cual es posible que lleven hacia el dormitorio un exceso de energía que provoque desequilibrios y perjudique el descanso. Al fin y al acabo, y valga la comparación, tampoco un exceso de aspirinas resulta saludable.

Los cristales

Por principio, los cristales dispersan el *chi* violento y activan el perezoso. Por eso el Feng Shui los utiliza para armonizar ciertas zonas de la casa donde el flujo de energía presenta alteraciones en su ritmo.

El cristal tallado característico del Feng Shui tiene formas redondeadas, lo cual permite que el *chi* circule completamente y sin obstáculos. Según sus dimensiones, se usan frecuentemente en lugares estrechos, donde el *chi* tiende a estancarse. Pendiendo del techo, por ejemplo,

CURAR LA CASA SANAR EL ALMA

permiten el fluido de la energía sin por ello entorpecer el paso. Lo interesante es que no hace falta que tengan un gran tamaño. Un buen cristal tallado, del tamaño de un medallón normal, cumplirá con su misión de agilizar el *chi* allí donde se lo cuelgue.

También son muy eficaces los cristales tallados en forma octogonal, de corazón o de lágrima, y que por lo general aparecen colgados junto a una ventana con el fin de atraer y multiplicar la luz solar. En ciertos casos, estos cristales reflejan un arco iris altamente estimulante para el *chi* de una persona, pues en ese arco iris se reúnen y condensan todos los colores del color.

Los cristales tallados, vale recordar, están relacionados con el elemento agua, y por eso resultan especiales para equilibrar lugares donde predomina el elemento fuego, como, por caso, ventanas demasiado soleadas.

Independientemente de su tamaño, los cristales son poderosas herramientas para dirigir y encausar el *chi*, fortaleciendo cualquier zona o equilibrando problemas incluso estructurales.

Las fuentes de sonido

Mensajeros del viento, llamadores, móviles sonoros, campanas tubulares, son extraordinarias herramientas del Feng Shui para equilibrar o curar un lugar cualquiera. Sus atractivos sonidos tan armoniosos, naturales e imprevisibles estimulan la imaginación y los buenos sentimientos, favoreciendo así las zonas dedicadas a la creatividad, la vida familiar y el amor.

Es fundamental, desde luego, que los sonidos emitidos por tales objetos resulten melodiosos. Grabaciones que reproducen el sonido de la naturaleza, un bosque, el océano, el viento entre las hojas, la lluvia, funcionan excelentemente como fortalecedores del *chi*, apaciguan los ánimos, distienden el ambiente y elevan la conciencia.

Por otro lado, la distribución de algunos instrumentos musicales en sitios puntuales de la casa también puede contribuir a "afinar" el *chi* inspirando a sus moradores.

La música siempre otorga una cantidad de energía adicional a cualquier zona o ámbito que se habite. Sólo hay que lograr sintonizarla con el ritmo interior de cada uno, obedeciendo a la naturaleza, acatando lo mejor de nuestros instintos, poniéndole el oído...

Los otros seres

Aquí ya no se trata de objetos ni de herramientas inanimadas, sino de seres vivos, como nosotros, capaces de un ánimo, un humor, una serie de instintos; en síntesis: un comportamiento propio no siempre gobernable. Flores, plantas, animales domésticos, fauna en general...

Las plantas saludables y las flores frescas son poderosos portadores de *chi* positivo. Según el Feng Shui, plantas y flores pueden ser usadas con variados objetivos y seguro éxito en distintas zonas de la casa o la oficina.

Una gloxínea de color violeta, en una maceta de cerámica azul, puede cuidar la zona relacionada con la salud; un ramo de claveles rojo, en un florero rojo, refuerza todo lo relativo a la reputación; un ciclamen de impecable blanco, en un jarrón blanco también inmaculado, protege todo lo concerniente a la creatividad y a los hijos.

En cuanto a la elección de las plantas que ornamentarán –y mucho más– el interior de una casa, el Feng Shui recomienda, primero, aquellas plantas de hojas anchas, redondeadas, suaves a la vista, como el jade o el *pothus*; o aquellas dueñas de un aspecto agradable y edificante, como el *ficus* o las palmas. Las plantas con hojas puntiagudas, agresivas, no promueven la buena circulación del *chi*. La yuca y el sagú son un ejemplo. Sus hojas en punta amenazan constantemente el tacto generando una sensación de agresividad que torna hostil todo el ambiente.

Por lo demás, las plantas son verdaderos reservorios de energía. Mediante la función clorofílica, atrapan los rayos del sol y los convierten en alimento para ellas mismas y para los demás almacenando grandes reservas energéticas. Por tal motivo, tampoco son recomendables los cactus o las plantas con espinas.

Las plantas en cualquier recinto, cerrado o abierto, no sólo embellecen y refrescan el lugar, sino que también contribuyen a lograr un flujo adecuado de la energía *chi*. Por otro lado, muchas veces las plantas ofrecen soluciones prácticas para dividir espacios o crear rincones agradables.

Un señor de Los Ángeles, que se quejaba constantemente de que sus hijos pequeños no lo dejaban trabajar tranquilo en su computadora, resolvió el problema colocando unas plantas que así aislaban su escritorio y, al mismo tiempo, le permitían la visión necesaria para observar a sus hijos mientras éstos jugaban allí cerca.

78

Sin embargo, las plantas exigen su cuidado, y nada peor que tener plantas enfermas dentro de la casa. No sólo perjudican el ambiente estéticamente, sino que además roban una gran cantidad de energía *chi* provocando serios desequilibrios en su fluido. Es preferible no tener plantas a tenerlas enfermas. Hasta es mejor sustituirlas por plantas artificiales, buenas imitaciones en seda o en papel. Sólo su color y su presencia bastarán para crear un paisaje interior armónico, donde el *chi* fluya rítmicamente. Desde luego, estas imitaciones, por buenas que fueran, nunca serán como las plantas naturales, cuyo crecimiento y prosperidad traen aparejadas la prosperidad y el crecimiento de quien las posee.

Así se trate de plantas naturales o artificiales, lo importante es que luzcan saludables de aspecto, limpias y fuertes. Las flores y las hojas deben cortarse apenas comienzan a marchitarse. En tal sentido, también debe observarse la vegetación natural que rodea la casa, árboles, plantas, enredaderas, jardines vecinos... Contribuir a una armonía conjunta beneficia a cada integrante de ese conjunto y así repercute sobre el resultado total. Arreglar el espacio circundante a los árboles, así estuvieran ya en el terreno público, atrae energía *chi* para la vivienda cercana.

Las plantas y las flores representan el elemento madera, por lo cual son especialmente recomendadas para los espacios donde predomine el elemento tierra –recuérdese que la madera absorbe la tierra–, como casas cuyas ventanas y puertas, además de su mobiliario, sean de formas cuadradas o rectangulares.

Y luego están los animales, seres que, al igual que las plantas y las flores, saben recompensar a sus dueños con altos grados de energía cuando reciben buen trato, cariño y cuidados. Aun a avanzada edad, esos animales, si se sienten amados, devuelven con creces la vitalidad puesta en ellos. Pero cuando no es así, cuando no reciben las atenciones necesarias y merecidas, los mismos animales de compañía suelen alterar y mermar la energía *chi* circulante. Todos los animales, como se ha visto, están asociados al elemento fuego, y todos ellos requieren amor. Desde el pequeño hámster o la tortuga, hasta el perro, el gato o los peces de colores de su acuario. Todos ellos necesitan cuidados y cariño. Pero también aquellos animales que, sin pertenecer a la familia, rondan habitualmente la casa, como ser, los pájaros. Un comedero para pájaros en su jardín puede atraer una fuerza *chi* muy beneficiosa para la casa y sus habitantes, manifiesta en sonidos, formas y colores...

Las estructuras acuáticas

Tanto las estructuras acuáticas ꞁe interior como de exterior estimulan el buen flujo del *chi*. Las fuentes y los saltos de agua conllevan un componente visual y otro auditivo. Y ambos contribuyen a refrescar y agilizar el *chi*, otorgando un espacio armónico donde descansan la vista y el oído.

Desde luego, tanto en forma como en sonido, estas fuentes deben ser ajustadas al gusto de la persona que las tiene, dado que una fuente mal ajustada puede producir variadas alteraciones, por ejemplo, en las vías urinarias.

Las fuentes y saltos de agua son consideradas especialmente para todas aquellas zonas de la casa o la oficina que estén asociadas al éxito profesional y a la abundancia, debido a que el elemento agua está directamente relacionado con el flujo de dinero.

Colocados en el exterior de la casa, resultan muy eficaces a la hora de equilibrar el *chi*. En ese rincón donde se cierra el muro exterior, o en esquinas "desaparecidas", un salto de agua o una fuente pueden realzar la energía y devolverle al lugar un argumento práctico, aunque en sentido espiritual. Desde luego, para que cumplan su objetivo las fuentes deben tener un tamaño proporcional al lugar donde se las coloque, y, de ser posible, orientarlas siempre de cara a la vivienda. Por ejemplo, una casa de doscientos metros cuadrados precisará una fuente de un metro y medio o dos metros de altura, por lo menos...

Otra ventaja de las estructuras acuáticas, está en que no sólo funcionan en el exterior de la casa. Una fuente o un salto de agua, ornamentado con plantas, rocas y objetos naturales, puede establecer un excelente refugio dentro de la vivienda.

Por lo demás, una estructura acuática también enriquecerá la vida animal del lugar. Fuentes, cuencos, urnas y estanques de agua cristalina atraerán más pájaros a su jardín, y esto realzará y estimulará el flujo de *chi* otorgando salud y bienestar a sus moradores.

Los mensajeros del viento

Móviles, veletas, llamadores, molinetes, banderolas y estandartes, objetos de colores, de variadas formas, o verdaderas obras de arte, todos estos bailarines del viento atraen y elevan el *chi*.

Además, son muy eficaces a la hora de completar lugares cerrados, o muy altos, techos elevados o ámbitos espaciosos... Un buen móvil pendiendo de un techo alto, en la zona asociada con la riqueza, no sólo logrará un efecto tridimensional, sino que también recordará la abundancia y la buena fortuna.

Los móviles pueden estar hechos en cualquier material (papel, madera, latón, plástico o cristal) y su tamaño queda a gusto del dueño, aunque siempre teniendo en cuenta las proporciones del lugar donde se ha de colgar. Si se coloca un móvil de cristal en una zona relacionada con la creatividad, éste producirá, por simple asociación, inspiración y creatividad. Un móvil confeccionado con elementos naturales, en zonas relacionadas con la salud, generará en cambio pensamientos y energías relacionadas con el bienestar y el equilibrio que propone la naturaleza. Un móvil con motivos angélicos, suspendido en las zonas donde socializamos, nos provocará mejores sentimientos con respecto a los demás y nos recordará afinidades y coincidencias.

En el exterior, los móviles sonoros hacen circular mejor el *chi* en tanto proporcionan agradables sensaciones para la vista y el oído. En un comercio, un móvil atrae la atención y esto, desde luego, atrae la clientela, mejorando el negocio y la prosperidad de sus dueños.

Un mástil y una bandera pueden recuperar espacios perdidos u olvidados del exterior de la casa, revitalizando zonas mustias en las cuales suele estancarse el *chi* desequilibrando todo el lugar. Desde luego, lo ideal es que esa bandera contenga un símbolo representativo de algo que se ame, su país, su club, su propia heráldica... Igual efecto consiguen los estandartes y molinetes suspendidos de pérgolas, aleros y glorietas, que así logran realzar la energía y mejorar su circulación general.

El arte

Las obras de arte, puestas en lugares claves, ayudan a equilibrar el flujo del *chi* necesario para la armonía de la casa. Esculturas, pinturas, *collages*, tapices, adornos, antigüedades, lo que importa es que esos objetos realcen los sentimientos positivos, evoquen buenos momentos y recuerdos, o escenas de paz, creatividad y belleza. Para cada lugar de la casa, siempre hay un arte dispuesto.

El arte romántico realzará el *chi* de un dormitorio, en tanto escenas más potentes o intensas resultarán mejor aplicadas en lugares donde se desarrolle la vida profesional o se cultive la reputación personal. Las obras de arte que representen motivos llenos de serenidad se relacionan con todo lo que tenga que ver con la salud, mientras el arte inspirador estimula el saber y la formación personal, los viajes y la relación con los demás. El arte rico en llamativos colores y fantasías, por su lado, estimula las zonas identificadas con los hijos y la creatividad.

Se trata fundamentalmente de buscar obras de arte que "digan" algo, que transmitan un mensaje, una idea, una acción. Si esa obra de arte está destinada a un espacio que se comparte con otros, habrá que tener en cuenta que también debe gustarles a los demás, inspirarles sentimientos positivos, serenos, creativos, reflexivos o contemplativos.

Capítulo IV

EL TESORO
DEL MAPA

Pero ni el Feng Shui puede ser posible, ni resultan útiles sus herramientas, sin su principio más importante, su base fundamental: *el mapa bagua,* un plano ideal de la casa según el ideal del Feng Shui.

El mapa bagua también tiene sus orígenes en el *I Ching, el libro de las mutaciones.* La palabra "bagua" refiere los ocho trigramas básicos, a partir de los cuales está estructurado el *I Ching.* Cada uno de esos trigramas representa una de las posesiones verdaderas de la vida: la salud, el amor, la reputación, la riqueza, el conocimiento y la cultura, los hijos y la creatividad, las personas serviciales y los viajes.

Un buen Feng Shui se basa en el mapa bagua ideal para trazar el plano que establece las distintas zonas de la vivienda o la oficina, y sus correspondientes relaciones activas. Y así, a través del mapa bagua, se le asigna a cada zona del edificio, a cada ambiente de la casa, un sentido concreto. Por ello, desde el punto de vista del Feng

Shui, la buena fortuna y salud de los habitantes de una casa, o de un lugar de trabajo, se verán favorecidas si el mapa bagua del lugar ha sido correctamente trazado. Así viviendas, apartamentos, oficinas, jardines, habitaciones y hasta el mobiliario del lugar potencian sus energías positivas cuando se planifica su distribución acorde a esta noble herramienta fundamental del Feng Shui. Pero los extraordinarios resultados que puedan obtenerse de un mapa bagua se darán siempre por la combinación de dos fuerzas reales: la sabiduría milenaria del *I Ching* y la profunda convicción de la persona que lo opera en su determinación de producir cambios verdaderos en su vida. De cumplirse estos dos requisitos primarios, los cambios que puede producir un mapa bagua no han de tardar más de treinta días en notarse. Cuando esto no ocurre, o el mapa bagua no es correcto, o las intenciones de la persona que lo usa no son profundas.

El mapa del mapa

El mapa bagua es representado por un cuadrado perfecto, dividido en su interior en nueve cuadrados idénticos. Sobre ese diseño madre se ha de estructurar el mapa bagua del lugar que se pretenda sanar.

El primer paso para trazar o aplicar el mapa bagua consiste en determinar la forma global del edificio. Una vez hecho esto, hay que posicionarse frente a la entrada de éste y, a partir de ahí, establecer su frente, su parte trasera y sus dos lados, izquierdo y derecho. Desde luego, no siempre la casa o el edificio responden a un diseño cuadrado, o cuando menos rectangular. En tales casos, los pasos a seguir serán los siguientes.

En su calidad de boca principal del *chi*, la puerta de entrada configura un punto clave del mapa, así fuera que se use la puerta de un garaje o una entrada lateral. Ese será el frente del mapa bagua.

Si el edificio tiene forma de L, T, S o U, seguramente algunas zonas quedarán fuera del mapa bagua ideal. A esas zonas, entonces, se las conocerá como "zonas perdidas", aunque también para ellas el Feng Shui ofrece variadas soluciones. En el caso, por ejemplo, de las salientes de la estructura –un balcón francés, una chimenea–, éstas no harán sino realzar el bagua de la zona que acompañen.

El mapa bagua ideal se organiza así.

Adelante, a la izquierda –visto de frente– corresponde la zona del saber y la cultura; a la derecha, la de personas serviciales y viajes, y en el medio, lo atinente a la carrera profesional.

Detrás, a la izquierda, está la zona bagua de la riqueza y la prosperidad; a la derecha, la del amor y el matrimonio, y en el medio –siempre detrás–, la de la fama y la reputación.

Y de los tres cuadrados centrales, el de la izquierda corresponde a la salud y la energía, el de la derecha a los hijos y la creatividad, y el del centro, en el corazón del mapa, está la zona de la tierra, que se relaciona con todas las otras, y en la que todas las otras confluyen.

A partir de este plano ideal, se puede trazar luego el mapa bagua de cada casa, y también el de cada estancia o ambiente de la casa.

Riqueza y prosperidad	Fama y reputación	Relaciones, amor y matrimonio
SUN 4 madera	LI 9 fuego	K'UN 2 tierra
Energía y salud		Hijos y creatividad
CHEN 3 madera	☯ 5 Tierra	TUI 7 metal
Conocimiento y cultura	Carrera profesional	Benefactores y viajes
KEN 8 tierra	K'AN 1 agua	CH'IEN 6 metal

La casa toda

Más allá de la forma global de la estructura del edificio, el mapa bagua puede ajustarse al diseño alargándose o estrechándose según el dibujo del lugar. Las distintas zonas y sus representaciones mantendrán los valores y las posiciones originales.

Determinada ya la puerta de entrada del edificio, de la oficina o de la casa, podrá saberse entonces, en base al mapa bagua, en qué zona se encuentra esa puerta de entrada. Si está a la izquierda y al frente, significa que la puerta de entrada se encuentra en la zona del saber y la cultura. Si por el contrario, se encuentra al frente, pero del lado derecho, entonces la entrada estará sobre la zona de las personas serviciales y los viajes.

Una vez establecida la entrada como punto de referencia, a partir de ella pueden identificarse las otras zonas bagua de la vivienda. Si la casa está estructurada en varios pisos, las distintas zonas de cada planta se encontrarán en el mismo lugar establecido en la planta baja. Si por ejemplo la cocina de la casa está en la zona trasera izquierda de la planta baja, es decir, en la zona correspondiente a la riqueza y la prosperidad, y en la planta superior, encima de la cocina, hay un dormitorio, pues entonces dicho dormitorio también ocupará la zona correspondiente a la riqueza y la prosperidad...

Con frecuencia, la estructura de una casa no responde al mapa bagua ideal. Muchas veces, la cocina está en la parte de la riqueza o el baño en la zona que corresponde a la carrera profesional, y el dormitorio en la relacionada con la salud y no con el amor y el matrimonio. Sin embargo, el Feng Shui, merced a sus variadas herramientas, nos permite acondicionar el *chi* del lugar a la zona que idealmente corresponda.

Si el baño, por ejemplo, ocupa la zona del amor y el matrimonio, resultará entonces un buen lugar para colocar allí objetos íntimos que llamen a la sensualidad y a la armonía, obras de arte, cristales, colores... Cada estancia de la casa puede ser energéticamente potenciada según los preceptos del Feng Shui.

Cuarto por cuarto

A la hora de trazar el mapa bagua de un ambiente concreto de la casa, lo más aconsejable es posicionarse frente a la puerta de entrada orientando la vista hacia el interior del cuarto. En caso de que dicho ambiente tenga más de una puerta de acceso, conviene elegir aquella que se use con mayor frecuencia. De esta forma, puede establecerse cuál es el frente de ese cuarto, y a partir de esa referencia, trazar el esquema bagua correspondiente.

Cuando la puerta de entrada se encuentra en el centro de la estancia, entonces esa puerta ocupará la zona relativa a la carrera profesional, mientras que, si la puerta está en la izquierda, corresponde entonces a la parte del saber y la cultura. Así, para conocer las otras zonas, bastará luego con seguir el mapa.

Por lo general, la zona bagua de una habitación no coincide con la zona bagua de la vivienda o el edificio. Pero eso poco importa. Cada habitación tiene su zona bagua independiente de la casa, y cada una de ellas puede trabajarse aisladamente para activar el *chi*. La suma de las zonas bagua del edificio, más las de cada estancia de la casa, conformará un conjunto de zonas variadas a las que no es preciso optimizar en forma completa o inmediata. Los expertos prefieren trabajar zona por zona realzando aquellas más urgentes según sus moradores: salud, riqueza, saber, reputación...

Desde luego, el mapa bagua del edificio será siempre más importante que el de cada habitación. Esto obedece a la suma estructural de *chi* que contiene el edificio en su totalidad.

Y es bueno recordar que siempre, toda estancia es pasible de mejoras desde el punto de vista del bagua. Incluso esas zonas llamadas "ausentes" o "perdidas" de la casa.

Los espacios ausentes

Se llama espacios "perdidos" o "ausentes" a todas aquellas zonas que, por la forma global del edificio, quedan fuera de su estructura principal: esquinas, traseras, medianeras... Espacios perdidos que son recuperables para el Feng Shui siempre y cuando se utilice en forma correcta el mapa bagua y sus distintas herramientas.

El recurso más directo consiste en construir una habitación o un porche, según las dimensiones del espacio perdido, con el cual recuperar la vitalidad de la zona. Otra posibilidad son los revestimientos para pisos, que le devuelven al lugar una entidad propia realzando su forma y su presencia: un tapete, unas cerámicas, un embaldosado especial que marque ese espacio y le dé personalidad recuperarán la buena circulación del *chi* por el resto de la vivienda. Este recurso también puede reforzarse pintando las paredes que cierren el lugar o colocando allí algún objeto de arte, una escultura, un móvil o algún tipo de estructura acuática.

Sin cambiar la forma física de la casa, también pueden recuperarse los espacios perdidos colocando en ese lugar vallas que la cierren y completen así la forma de la casa. En ocasiones, un farol de exterior, un breve jardín cerrado, un asta y su bandera, una fuente o una estatua son eficaces recursos para devolverle vida y belleza a un lugar perdido.

93

Muchas veces sucede que se habita o se trabaja en un edificio al que directamente le falta una zona bagua concreta. En estos casos, existen algunas formas de actuar simbólicamente en ese lugar para generar así la energía *chi* correspondiente a la zona ausente. Aquí otra vez los espejos resuelven. Un espejo colocado en la pared más cercana a ese lugar que no está puede generar la sensación de que la casa continúa y que no termina allí. Ornamentar ese espejo con plantas, colores u otras herramientas de las ya mencionadas en el capítulo anterior acabará por darle al lugar la personalidad necesaria para realzar y hacer circular la energía de toda la casa.

Si en el lugar ausente hay una ventana, se puede recurrir entonces a los cristales tallados, a las plantas y los móviles con el fin de generar un espacio que convoque la atención e inspire la armonía allí donde en realidad no hay nada.

Puede suceder también que la zona bagua ausente sea imposible de crear o reemplazar. Frente a esta posibilidad, los expertos recomiendan reforzar la zona ausente trabajando las zonas análogas en cada ambiente de la casa, de manera tal de balancear el *chi* faltante en la estructura global.

Una mujer se quejaba de que sus relaciones matrimoniales no marchaban bien. Un experto en Feng Shui, de paso por su hogar, descubrió que a esa vivienda le faltaba la zona relacionada con el amor y el matrimonio, y que además, en el dormitorio de la pareja, en la zona correspondiente al amor y el matrimonio, aquella mujer había colgado un antiguo reloj que no funcionaba desde hacía años. El experto le recomendó sacar o reparar ese reloj, la mujer lo hizo y las relaciones con su pareja comenzaron a mejorar. No es magia. El reloj detenido en el cuarto, ofreciendo constantemente una información falsa, provocaba confusión, angustias y ansiedades a sus dueños, dificultando, claro, sus relaciones. La dimensión del detalle, eso es puro Feng Shui.

La casa y las cosas

Una vez más, utilizando la intuición y cada uno de los sentidos, se trata de captar e identificar a su alrededor todos aquellos objetos o elementos que resulten depresores del *chi*, cosas que traigan malos recuerdos, que parezcan agresivas a la vista, adversas al tacto, hostiles al oído, o cuyos materiales o colores representen el elemento equivocado. Es decir, aquellos objetos que consumen la energía positiva y que, por eso, hay que retirar del lugar inmediatamente.

Por el contrario, los objetos amados, plenos de connotaciones felices o de buenos recuerdos, son vigorizadores de la energía, y al colocarlos en lugar de los otros reestablecerán el *chi* y su buena circulación según indique el mapa bagua trazado.

Vale remarcarlo, sin el conocimiento previo que otorga el mapa bagua es muy difícil detectar las zonas correctas y evaluar sus verdaderos estados. Puede suceder –sucede a menudo– que una zona en particular, por ejemplo la relacionada a la prosperidad y la riqueza, esté ubicada donde se encuentra el garaje de la casa, el cual, por lo general, se halla atestado de cosas caóticamente dispuestas, afectando por lo tanto la tranquilidad y prosperidad de los habitantes de la casa.

En el dormitorio de una pareja, por caso, conviene colocar fotos de los días felices, recuerdos de la luna de miel, objetos íntimos y románticos, de manera que el *chi* fluya beneficiosamente, cuidando el bagua de la zona más allá de la estructura de la casa o, incluso, del mapa bagua ideal. Si se enfoca la zona correspondiente a la creatividad o a la carrera profesional, un acuario traerá éxito y nuevas oportunidades, a base de pura imaginación y vitalidad.

En síntesis, se trata de volver a mirar todo lo que nos rodea a partir de los ojos del Feng Shui y reclasificar cada objeto según lo que nos inspira y lo que supone para nosotros. Así, esas cosas a las que nunca se les había dado importancia cobran de pronto un valor distinto y decisivo, y nos indican qué debe hacerse con ellas en pos de un fluido normal de la corriente *chi* que nos envuelve y nos da vida.

Las pertenencias personales pueden resultar una bendición si de verdad nos estimulan positivamente. Pero todos aquellos objetos que deprimen u oprimen no son más que una molestia, un obstáculo para la energía. Muchas personas retienen consigo cosas inútiles, o les cuesta desprenderse de sus posesiones como si en verdad tuvieran temor a perder con ellas algo de lo que son. Pero muchas veces, esas cosas actúan como lastres, anclas que nos retienen en conductas retrógradas o que ya no nos sirven, y que a su vez impiden el cambio que todo necesita en el universo.

Está en cada uno de nosotros manejar el mar del *chi* dentro del cual nos movemos, modificarlo y ajustarlo a nuestros propios ritmos, intenciones y propósitos, sin olvidar que los objetos, los elementos que nos rodean, están para servirnos.

El entorno

Los objetos y elementos de un hogar o una oficina se convierten en poderosas reafirmaciones del entorno, en tanto son enfocados por lo que simbólica o sentimentalmente significan para nosotros.

Estas reafirmaciones del entorno generan el *chi* necesario, física o energéticamente, para poner en marcha los cambios que quieran llevarse a cabo según se trate de incrementar la riqueza, atraer el amor, mejorar la salud o aumentar la creatividad.

En tal sentido, las herramientas descritas en el capítulo anterior adquieren un rol protagónico. Pero antes conviene memorizar o tener en cuenta las tablas y las recomendaciones ya vistas, de manera tal de poder identificar y clasificar mejor cada objeto, herramienta o elemento. Una vez hecha la clasificación, habrá que anotar los distintos bagua que quieren trabajarse, y entonces sí, por fin, entrar en acción distribuyendo o redistribuyendo los objetos elegidos, en tanto se eliminan aquellos cuyas connotaciones negativas ya fueron evaluadas.

En el caso en que no se encuentre nada que prometa realzar la zona bagua que se trabaje, una vez más el Feng Shui recomienda entonces la creación: hacer con nuestras propias manos aquello que falta y se necesita. Dibujar, esculpir, construir, tallar o moldear cualquier cosa cuyo *chi* nos resulte estimulante. El sólo acto de crear realzará su propia energía, su imaginación y su vitalidad. Todo lo cual le dará un *chi* aun mejor al objeto de sus esfuerzos. Un círculo de corriente positiva que así se autoalimenta y crece.

Si lo que se busca es trabajar alguna zona bagua de la empresa o la oficina, pueden utilizarse los mismos recursos que en la casa, aunque atenuados o adecuados al entorno laboral. Un cuadro, un objeto, una planta, un espejo, son cosas que vemos habitualmente en los lugares de trabajo. A veces esos objetos están ordenados según los principios del Feng Shui y muchas otras veces no, entorpeciendo así la corriente energética de la casa. Una redistribución de esos mismos objetos según un buen mapa bagua puede modificar sensiblemente la vitalidad de toda la vivienda.

El último rincón

Según el bagua, todos los sitios de la casa tienen su importancia, y no por olvidarlos o relegarlos dejarán de influir sobre el resto de la vivienda. Sótanos, desvanes, altillos, vestidores, garajes, alacenas y armarios forman parte de la casa tanto como sus zonas más activas y frecuentadas.

Un lugar abandonado, donde todo se amontona caóticamente, acaba por transmitir su caos a toda la casa, siendo sus habitantes quienes al cabo se desequilibran. Si a esto se agrega el hecho de que posiblemente ese sitio se encuentre en una de las zonas bagua más delicadas, entonces el daño se multiplicará. El orden a imponer, por lo tanto, habrá de basarse en el *chi* que emana de cada objeto, y a partir de ahí, retenerlo o desecharlo.

De tanto en tanto, conviene detenerse a pensar en los lugares olvidados de la casa, aquellos donde se amontonan anárquicamente objetos o trastos en desuso, y que, por olvidados, más y más desordenadamente se acumulan. Esto ocurre sobre todo en los sótanos, en los altillos, en los desvanes, lavaderos, cuartos de herramientas y despensas... Esos sitios que menos se usan pueden actuar más allá de nosotros revolucionando el *chi* de toda la vivienda.

Las expertos en Feng Shui dicen que las dos preguntas básicas que hay que hacerse frente a cada objeto a la hora de poner orden son: "¿De verdad necesito esto?" y luego: "¿De verdad quiero esto?". Si las dos respuestas son afirmativas, el objeto debe continuar su existencia en el nuevo orden. Si alguna de las dos respuestas es negativa... es hora de pensar en deshacerse de él.

Este ejercicio, en apariencia inocuo, está directamente ligado a la limpieza del propio *chi*. Del hogar y de la persona. Y esto vale para todos los espacios destinados a guarda cosas que se usan poco o nunca. Desde un galpón para tractores, hasta un pequeño alhajero. Allí donde hay desorden se desordena la energía, y el *chi* ya no fluye correctamente. Al guardar las pertenencias que de verdad se quieren y necesitan, en tanto son desechadas las otras, lo que en realidad se está haciendo es exhalar el *chi* viejo y renovarlo por un *chi* fresco. El hábitat, así, comenzará a respirar mejor librándose de toxinas y excesos de peso al igual que haría cualquier cuerpo vivo; porque al fin y al cabo, eso es una casa. Nadie descuida una parte de su cuerpo por ínfima que ésta sea. El mapa bagua comprende toda la casa, no una o algunas de sus partes.

El baño

Ese ambiente de la casa creado con el objetivo de eliminar los deshechos humanos está directamente asociado a la higiene y, por lo tanto, a la salud. Allí se almacenan productos de limpieza, perfumes, cosméticos, pero también remedios, primeros auxilios, vendas, desinfectantes... Allí se restituye el cuerpo al cabo del día. Allí se atiende nuestro ser físico. Su bagua es decisivo.

Pero también allí se recluyen las mayores amenazas para el *chi* nutriente que fluye a través de una casa o de un edificio. Por sus retretes y sus desagües, corren bacterias, olores desagradables y suciedades en general. Cuando los desagües de un baño están abiertos, el *chi* literalmente fluye por ellos y tiende a escaparse. En este sentido, el retrete resulta especialmente problemático dado el gran tamaño de su abertura. Por eso, mantener cerrada su tapa cuando no se lo utiliza es una cuestión algo más que estética.

Los cuartos de baño deben ser lugares placenteros, donde sus moradores puedan pasar momentos saludables y gratificantes, tanto para el cuerpo como para el espíritu.

Lo aconsejable, siempre según el Feng Shui, es llenarlos con objetos agradables, en colores vivos, que se ajusten al gusto de sus usuarios y a la zona bagua de la casa sobre la cual esté ubicado el baño.

Escala bagua

Así como se aplica el mapa bagua a la estructura global de un edificio o a cada ambiente de la casa, así también se lo puede aplicar sobre superficies minúsculas, como una mesa, un rincón, un escritorio... Organizar una mesa de trabajo según su bagua puede generar creatividad y traer éxito. Cualquier mesa, tablero o escritorio puede convertirse en un pequeño mundo bagua capaz de desafiar todo nuestro ingenio a la hora de distribuir los objetos según los propósitos que se persigan...

Objetos vigorizantes, atractivos y poderosos (desde un punto de vista personal), ordenados según el mapa bagua del escritorio, resuelven el *chi* favorablemente y, por supuesto, revitalizan a su usuario.

Se trata de tomar el mapa bagua básico que se usa para una vivienda o edificio, el de los nueve cuadrados idénticos, y luego extenderlo sobre la mesa de trabajo o el escritorio. Luego de identificadas las distintas zonas habrá que ver cuáles son las que se pretende vigorizar prioritariamente, y a partir de allí, distribuir objetos personales, naturales, fotografías o recuerdos, aunque siempre de una manera armónica para que el *chi* pueda fluir energizándolo todo.

Tomando la silla del escritorio como frente de éste –o sea, como su puerta de entrada–, habrá que identificar, primero, la esquina izquierda más alejada, es decir, la zona asociada a la riqueza, y entonces sí activarla con elementos que inspiren potencia, creatividad y lucidez, objetos que se asocien con la riqueza y la prosperidad, como por ejemplo, una calculadora, un pisapapeles de cristal o

101

un paño de color rojo para que no falte allí el elemento fuego. Luego, a partir de ahí, observar –"leer"– el resto del escritorio y sus distintas zonas bagua.

La parte central trasera, correspondiente a la zona bagua de la fama y la reputación, es el sitio ideal para exponer diplomas, premios, medallas o títulos académicos.

La zona correspondiente al amor se encuentra en la esquina trasera derecha del escritorio. Allí pueden colocarse fotografías de su pareja, algún recuerdo de un buen momento juntos, o en tal caso bastará con la imagen de un ramo de flores blancas.

La zona bagua relacionada con la creatividad y los hijos –ubicada en la parte central derecha de la mesa– es un lugar perfecto para la foto de ellos, y en el caso de que no se tengan hijos pero se los desee, se podrá colocar la imagen de algún niño, o de cachorros de animales, o incipientes capullos en floración. Otra alternativa para esta misma zona son aquellos objetos que representen creatividad, como un lapicero, un juego de pinceles o un dibujo hecho por un niño pero cuidadosamente enmarcado como si se tratara de una valiosa obra de arte.

La zona asociada con las personas útiles y los viajes –adelante y a la derecha– es el mejor lugar para el teléfono, y se puede realzar aún más con fotos o recuerdos de viajes, o calendarios y citas o máximas que actúen como ideales para quien ha de contemplarlas cada día.

La zona correspondiente al saber y la cultura, en la esquina izquierda delantera, es un área ideal para retener el trabajo en el que se está actuando en ese momento: folletos, información, libros o expedientes. También es favorable colocar allí material de referencia a conocimientos recientemente adquiridos, ya se trate de cursos de buceo, de *marketing* o de lo que fuera.

En cuanto a la parte relacionada a la salud y la familia, ubicada en el ala izquierda del escritorio, entre las zonas correspondientes a la cultura y la riqueza, conviene poner ahí fotos de seres queridos, familiares y amigos, y algún elemento de metal, preferentemente de hierro, que así le recuerde la solidez de su salud.

Por lo general, la cabecera del escritorio, relacionada con su carrera profesional, es siempre la más desordenada de todas, porque allí se desarrollan las tareas diarias. Ese espacio debe mantenerse limpio para trabajar mejor, y es por eso que resulta tan importante convertir, cíclicamente, el caos en orden. Lo más recomendable es organizar ese lugar periódicamente, para que de esta forma el *chi* se renueve y no cargue con problemas atinentes a cuestiones ya resueltas o pasadas.

Suele suceder que, en ciertos ámbitos de trabajo muy riguroso, no es posible acomodar el escritorio al gusto del empleado. Incluso, en muchos lugares, se prohíbe colocar objetos personales sobre la mesa de trabajo. Pero aun así, el Feng Shui, obedeciendo siempre el mapa bagua, ofrece una serie de posibilidades mínimas, algunas imperceptibles para los demás, y que, sin embargo, redunda en soluciones concretas.

Por ejemplo: los expedientes en marcha y los ya cancelados deben colocarse en la zona del saber y la cultura. Una discreta imagen floral en el área de la salud y la familia, la calculadora en la parte correspondiente a la riqueza, un pisapapeles de cristal en la parte relacionada con la reputación, una lámpara en la del amor, bolígrafos y lápices en la asociada con la creatividad, el teléfono en la zona dedicada a las personas serviciales y los viajes y un gran papel secante junto a su computadora, en la parte relacionada con la carrera profesional. Debajo de cada objeto, además, pueden colocarse papeles o cintas de colores según la zona·bagua correspondiente, y el elemento al que remita cada color. Esos papeles o cintas no aparecerán a simple vista, pero aun así sus colores influirán concretamente en la buena circulación del *chi*.

En síntesis, todas las herramientas del Feng Shui pueden resultar inútiles o contraproducentes si no se ordenan de acuerdo con el mapa bagua que organiza, identifica y clasifica al edificio, la casa, cada uno de sus ambientes y sus minúsculos ámbitos también. El mapa bagua debe ser tomado como el plano ideal y secreto de esa corriente que al cabo guiará el mar del *chi* dentro del cual vive y respira cada uno de nosotros.

Así el Feng Shui –con sus herramientas, su sentido común, sus conocimientos inmemoriales, más toda la sabiduría del *I Ching*, y la incomparable intuición humana– le fue dando forma a una disciplina con carácter de ciencia y espíritu de arte, y que, a lo largo de ya más de treinta siglos, trascendió sus fronteras, se impone hoy en todo el mundo y es escuela, madre y sustento de muchas otras disciplinas y técnicas que nutren la arquitectura moderna: la bioconstrucción, la bioclimática, la geobiología, y otros esfuerzos humanos dirigidos a mejorar la salud del hábitat y, por lo tanto, la de sus habitantes.

Cuando llueven piedras sobre las casas

Ciertas crónicas del año 858 refieren la historia ocurrida en –o mejor dicho "sobre"– algunas casas de un pequeño pueblo alemán en las orillas del Rin, cuyos techos eran constantemente apedreados por una fuerza invisible que los habitantes del lugar, a falta de una explicación coherente, decidieron atribuir a espíritus malignos, los que ya por entonces, y por allí, recibían el nombre de *poltergeist.* Poco tiempo después, aquel villorrio del Rin recuperó su calma para siempre. Pero las piedras llovieron en otras partes.

El 4 de mayo de 1910, registran los diarios del lugar, en las proximidades de Cantillana, España, una detonación inexplicable disparó piedras desde el suelo durante dos horas en la mañana.

En la ciudad de Valencia, en agosto de 1935, sobre el Teatro de la Gran Vía, tres veces se produjo una lluvia de piedras sin que la vigilancia montada de la policía pudiera explicar nunca por qué.

Ese mismo año, pero en octubre y en Málaga, los diarios registran una lluvia de piedras a pleno sol sobre una modesta vivienda de labradores junto a la carretera de Benagalbón. Y no hace tanto, en noviembre de 1981, avanzado ya el siglo xx, en Inglaterra, una lluvia de piedras arrasó los techos de algunas casas de la calle Thornthon, en Birmingham. En un primer momento, desde luego, los vecinos atribuyeron el hecho a una travesura infantil, pero como las pedradas no cesaron recurrieron a la policía para que identificara y detuviera a los niños que fueran. Ese mismo día, un escuadrón especial de vigilancia se apostó en la calle Thornthon. Pero los niños no aparecieron y las piedras siguieron lloviendo.

Era pleno invierno, uno de los más crudos que se recordaban, y no había modo de ubicar a quienes arrojaban piedras sin descanso. Decidieron finalmente utilizar censores infrarrojos, intensificadores de imagen y cámaras fotográficas automáticas. El propósito era localizar el sitio desde donde las piedras podrían arrojarse, basándose en la dirección y en la intensidad con que caían.

A finales de 1982 se habían dedicado mas de tres mil quinientas horas-hombre a la investigación, y no se había conseguido nada. Ni siquiera las propias piedras daban información alguna: totalmente limpias de polvo que indicara su origen, no mostraban tampoco huella digital alguna. Doblegada por los hechos, la policía de Birmingham terminó por aceptar que se trataba de un "simple" caso de *poltergeist*. Tal vez el mismo que había azotado con sus duendes malignos aquel pueblito alemán a orillas del Rin, once siglos atrás.

Ahora hablemos de salud y felicidad.

Capítulo V

LA CASA
EN CUERPO Y ALMA

A partir de las enseñanzas del Feng Shui, si se enfoca toda vivienda como un cuerpo vivo, ha de entenderse entonces que ese cuerpo vivo es un todo de materia y energía. Cualquier vivienda. Aun la choza o tienda más precaria y primitiva conforma una unidad compuesta de materiales y de energías. Sus paredes, sus techos, su ventilación, su luz, sus capacidades térmicas, su exposición al ambiente que la rodea y, por lo tanto, a los distintos factores con los que el ambiente la acosa o la preserva. Materia y energía, cuerpo y alma. La materia que conforma su cuerpo, la energía que da vida a su alma.

Desde la piedra o la madera primeras hasta los más modernos materiales de construcción, todo aquello que le da forma y la sostiene hace de la casa un cuerpo vivo, y como tal, susceptible a todas las posibilidades de cualquier cuerpo vivo. Luego, los fluidos energéticos y electromagnéticos que la rodean y afectan le dan a ese cuerpo un aliento vital que bien puede extinguirse, modificarse, deteriorarse o mejorarse.

Por empezar, existe el piso, el suelo sobre el cual habrá de asentarse y fundamentarse la construcción. Un suelo que a veces puede ser más firme o más endeble, proclive a veces a movimientos sísmicos, siempre a los desvaríos del clima, y siempre también, inevitablemente, sujeto a un campo electromagnético que, no por invisible, deja de ser real. Alguna vez, como dijimos, el hombre se valió de sus animales domésticos para seleccionar sus lugares de descanso. El perro y el caballo lo ayudaban a encontrarlo, el gato le indicaba los sitios erróneos.

Pero conforme el progreso se apoderó de su vida, dichos "buenos lugares" se hicieron cada vez más difíciles de hallar debido tanto a factores externos como internos, ajenos o intrínsecos a la vivienda misma. La contaminación sonora, las radiaciones cósmicas, solares y terrestres propias del planeta, y ahora también las radiaciones eléctricas generadas por nuestro propio desarrollo. Factores eternos y modernos, que la evolución y el progreso complican y multiplican, pero que a veces también resuelven.

El material eléctrico activa el *chi*. Los antiguos maestros chinos de Feng Shui no tenían que lidiar con computadoras ni luces dicroicas, cuyos efectos sobre el campo electromagnético de un lugar son invisibles pero concretos al influir de manera efectiva sobre los habitantes del lugar. Por eso el consultor de Feng Shui contemporáneo ya utiliza instrumental especializado para detectar estos campos y así localizar las áreas libres de radiaciones peligrosas.

Hoy el ser humano enfrenta un número creciente de elementos y condiciones artificiales que inciden sobre su equilibrio físico, mental y emocional, y que pueden clasificarse, básicamente, en dos tipos: radiaciones telúricas y campos electromagnéticos. El cosmos en general y el hábitat en particular.

Entre los factores cósmicos, y en primer lugar, debe examinarse la influencia del sol, inconmensurable reactor de fusión nuclear en acción permanente sobre el sistema todo. Su intensa actividad energética genera un viento solar que baña por completo nuestro sistema planetario con protones, electrones, núcleos de helio, iones, oxígeno y carbono; partículas que impactan contra la tierra en forma constante, y que aquí son atrapadas por sus campos magnéticos propios. Por fortuna –y por el momento–, lo que se conoce como la "magnetosfera del cinturón de Van Allen" envuelve nuestro mundo como un escudo protector ante a las peores de estas radiaciones: las ultravioletas, las infrarrojas y otras.

Sin embargo, aun así, en combinación con los brutales deterioros producidos por la contaminación ambiental que caracterizó el último siglo, muchas de estas radiaciones logran filtrar esa magnetosfera más allá de lo deseable, generando reacciones químicas que saturan de ozono la ionosfera. Estas radiaciones bien pueden desencadenar corrientes electromagnéticas, que luego circulan por la ionosfera desatando tormentas eléctricas que no sólo alteran las brújulas y los magnetómetros, sino también nuestra psiquis y nuestros cuerpos. Así lo invisible del cosmos actúa sobre nosotros.

Luego, a tales factores cósmicos, se agregan los otros, los terrestres, los propios del hábitat. Fenómenos atmosféricos que inciden de manera directa sobre los seres y las cosas que habitan el planeta.

La tierra tiene –es– un campo magnético originado en su núcleo –a unos cinco mil kilómetros de profundidad–, cuyas líneas de fuerza se expanden más allá de su corteza, con variaciones constantes en intensidad y fuerza. El campo magnético observado en la superficie, por ejemplo, posee sus fuentes de origen en el exterior del globo terrestre. Pero también inciden el manto superior y las rocas de su corteza, algunas de ellas muy ricas en materiales magnéticos. Importantes cambios climáticos son asociados a las variaciones de los campos magnéticos, como también los movimientos migratorios de muchas especies, aves, mamíferos y de incontables bacterias.

No hay que olvidar que la materia está formada por átomos, y que cada átomo, a su vez, se conforma de un núcleo provisto de cargas positivas, alrededor del cual gravita una órbita de electrones negativamente cargados. Habitualmente, las cargas negativas de los electrones equilibran con exactitud la carga positiva del núcleo, y así el átomo resulta neutro. Pero dicho átomo, al ser expuesto a distintas energías a partir de distintas radiaciones –ya fueran éstas naturales o artificiales–, inmediatamente pierde electrones convirtiéndose de pronto en iones positivos, que por algo son llamados también "iones rabiosos".

Por su parte, los electrones liberados por ese átomo serán atraídos y atrapados por otros átomos que así también se cargarán negativamente, convirtiéndose a su vez en iones negativos o "felices".

Consumada así la alteración del campo magnético, una vez que los iones se integran a una molécula eléctricamente neutra, la molécula invadida aumenta su tamaño y conforma un ión mayor, cuya incidencia sobre la salud física ya fue varias veces demostrada.

Todo esto explica por qué el Feng Shui, la arquitectura moderna y tantas disciplinas afluyentes se empeñan cada día más en observar y resolver el problema energético del hábitat, más allá –o más acá– de sus características materiales.

La adecuada ventilación, la funcionalidad de la vegetación, las condiciones de humedad, la textura y permeabilidad de los materiales a usarse, el exhaustivo cuidado frente a las venas de agua subterráneas, las alteraciones del terreno, sus fallas geológicas son todos puntos muy delicados a la hora de entender una casa en cuerpo y alma... Sin mencionar la propia magia que cada cosa, casa y lugar poseen.

Seres magnéticos

La palabra "magnetismo" deviene de Magnesia, antigua ciudad del Asia Menor, de la región de Macedonia, de donde se extraía el óxido ferroso–férrico, cuyas virtudes eran ya conocidas en la antigua Grecia. Mucho antes, en tiempos nunca precisados, aprovechando su alineación con el norte magnético de la tierra, los chinos implementaron el uso de los magnetos –o imanes– y así inventaron la brújula. Pero ya desde el siglo VII antes de Cristo, el filósofo y matemático Thales de Mileto había logrado atraer pedacitos de lana frotándolos con ámbar. De esta forma, los electrones de la lana pasaban al ámbar, y así el ámbar se cargaba de iones negativos. De la palabra griega "electrón", que significa "ámbar", deriva por fin el término "electricidad". Allí comenzaba una intensa carrera para el hombre. Siglos más tarde, Otto Guericke fabricó el primer generador eléctrico por fricción. Posteriormente Von Kliest y Leyden experimentaron con acumuladores de energía e inventaron el condensador eléctrico, y en 1799 Alessandro Volta creó el primer condensador no–electrostástico, que diera origen a lo que hoy conocemos con el nombre de "pila o batería".

En 1820, un físico danés, Hans Christian Oersted, unificó, por casualidad, los conceptos "electricidad" y "magnetismo", comprobando que el electromagnetismo corresponde siempre a la corriente eléctrica y que, por lo tanto, toda corriente eléctrica supone un campo magnético.

El hecho es que el ser humano convive con estos elementos, lo rodean y lo envuelven. Están en la radiactividad de la tierra, en todo el entorno, provenientes de los minerales, del subsuelo, del cosmos, del sol, y también del interior de nuestros propios cuerpos, y así, lógicamente, alteran, favorecen o entorpecen el buen flujo del *chi*.

A través del cuerpo humano circulan permanentemente minúsculas corrientes eléctricas ligadas a los influjos nerviosos y a la transmisión de información de una neurona a otra. Estas corrientes parten del cerebro y circulan por el resto del cuerpo creando campos magnéticos sumamente débiles, pero concretos. Como para tener una idea, la fuerza del campo magnético generado por la actividad del corazón representa exactamente una millonésima parte de la fuerza total del campo magnético terrestre.

Por otro lado, el campo magnético terrestre pulsa entre ocho y veinte ciclos por segundo, en tanto el cerebro humano sintoniza ese mismo campo pulsante. Y entre ocho y doce ciclos de actividad eléctrica y magnética cerebral, se alcanza habitualmente el estado más propicio a la relajación. Estado que suele identificarse con la letra griega "alfa".

Así queda claro de qué forma la actividad biológica y metabólica se ve influida por los distintos campos electromagnéticos y radiactivos que imperan sobre la tierra. Y así queda abolida la teoría que restringe la vida del cuerpo a procesos meramente bioquímicos, para establecer que el ser humano se rige sobre la base de una compleja red sistemática de procesos bio–electro–magneto–químico–radiactivos, lo cual complica, y a su vez explica, sus variados comportamientos y humores.

Esta noticia abrió a las ciencias y paraciencias un nuevo panorama energético–vibratorio a partir del cual puede observarse la vida en el planeta, bajo las condiciones de un ámbito no sólo material y químico sino también eléctrico, magnético y radiactivo, dentro del cual los seres humanos, a lo largo de su epopeya evolutiva, no han hecho más que luchar y adaptarse lo mejor posible a sus constantes cambios y fluctuaciones.

Por los siglos de los siglos, la radiactividad, la electricidad y el magnetismo terrestre, aunque siempre con variaciones, se han mantenido sin embargo en constantes relativamente estables... Pero en las últimas décadas, la industrialización desmesurada, la contaminación ambiental, la tala de bosques y otros factores tan nocivos de la carrera tecnológica han alterado ese antiguo equilibrio afectando de manera cierta todos los procesos vitales, la salud, las cosechas, las mareas, las estaciones...

Las vitaminas del aire

Una casa en pleno concierto urbano, rodeada de torres de alta tensión, antenas emisoras de radio, de tevé o telefonía, no habrá de sentirse igual que una casa rodeada de árboles, en medio del campo, libre de electrodomésticos innecesarios o innecesariamente activados. Bajo una atmósfera cargada, como la que reina en los momentos previos a una tormenta, es frecuente sentirse inquieto, sufrir ahogos y hasta cierta inexplicable irritación. No es otra cosa que el estrés electromagnético, también llamado "electroestrés", el cual es generado por un exceso de iones positivos (rabiosos) que cargan el aire. Desatada la tormenta, vuelta la calma, todo parece despejarse, la mente también. Esto responde a la acción ahora de los iones negativos (felices), también llamados, no por nada, las "vitaminas del aire". Éstos refrescan la atmósfera, permiten el relax y facilitan el descanso.

El ambiente interior de muchas casas y lugares de trabajo –donde, después de todo, pasamos la mayor parte de nuestra existencia– suele hallarse saturado de iones positivos, como consecuencia de la contaminación ambiental producida por el aire mal acondicionado, las computadoras y otros aparatos eléctricos o electrodomésticos. No son extraños allí los problemas respiratorios y las alergias, fundamentalmente en las personas hipersensibles... como los niños.

La calidad del aire es una de las causas mejor establecidas de lo que se ha dado en llamar el "síndrome del edificio enfermo". Y según los variados estudios realizados, se da con mayor frecuencia en los espacios interiores y muy electrificados. Dichos climas artificiales –cuya atmósfera normal es un aire cargado de electrostática– producen por lo general fatigas y cefaleas, sensación de agobio, pesadez y claustrofobia. Son climas habituales en grandes almacenes, gimnasios, hospitales, ministerios, oficinas populosas… *edificios enfermos*. Resistencia para irse a dormir, insomnio, pesadillas, sonambulismo, cansancio crónico, inapetencia, malhumor, depresión y calambres en la cama son síntomas comunes sufridos por quienes habitan un *edificio enfermo*. El fenómeno de la ionización del aire está íntimamente asociado a todos estos trastornos.

Capítulo VI

LA VOZ
DE LA TIERRA

Desde los orígenes del Feng Shui –antes aún–, el hombre se interesó en el estudio de su relación con el medio ambiente, ya fuera a través de chamanes, brujos, augures, pitonisas, sacerdotes, sabios… o, ahora, de los modernos geobiólogos que, no por modernos, desconocen antiguas y vastas influencias y razones.

Según la propia palabra lo explica, geobiología es el estudio de la correspondencia entre la tierra y la vida, vale decir: la ciencia que estudia las energías que emanan de la tierra y su influencia directa sobre los seres que la habitan.

Como ciencia, reúne y combina conocimientos ancestrales como el Feng Shui, con recientes y constantes investigaciones científicas. Su objetivo principal es el estudio de las radiaciones, ya sean naturales (cósmico–terrestres), o artificiales (campos eléctricos y electromagnéticos), y sus distintos vínculos con ciertas enfermedades que afectan fundamentalmente el sistema nervioso central y el sistema inmunológico. O sea: enfermedades mentales, cardiovasculares y degenerativas.

Así, tras variados progresos, la geobiología supo añadir, a los aspectos técnicos de la construcción y el diseño, nuevas posibilidades de confort biológico destinadas a optimizar la calidad de vida y la salud global de la humanidad y del planeta.

Para esto, la geobiología se basa en el examen exhaustivo del terreno a edificar y en la correcta elección de los materiales que habrán de utilizarse: su durabilidad, toxicidad, radiactividad a corto o medio plazo y sus cualidades térmicas.

Al igual que el Feng Shui tradicional, en la actualidad esta ciencia se encuentra casi exclusivamente concentrada en la investigación del entorno, y la morfología de la vivienda familiar y de los lugares de trabajo donde se desarrolla la vida.

De ahí que, a los conocimientos ancestrales chinos, la geobiología supo incorporar y combinar la información de distintas disciplinas y ciencias (como la astrofísica, la geología, la medicina, la biofísica), y en pocos años –en seis décadas apenas– consiguió su propio estatus de ciencia, y como tal ahora es estudiada en distintas universidades de Alemania, Francia, Rusia, Luxemburgo, Suiza, en la República Checa, en España. Mientras tanto, sus postulados, investigaciones y teorías se abren camino en el campo médico, en la construcción, en la hidrología, en la ecología, en la ingeniería, en la arquitectura y en muchas otras disciplinas y ciencias.

Pero al igual que el Feng Shui, la geobiología, si bien hoy es considerada una ciencia merced al rigor sistemático que sustenta cada uno de sus procedimientos y avances, también es cierto que, en un principio, encontró no pocas resistencias debido a que además utiliza, al igual que el Feng Shui, ciertas capacidades psíquicas propias de algunos seres humanos y consideradas en general como "paranormales".

Un ejemplo es la radiestesia, un fenómeno psíquico producido por la capacidad natural del ser humano para obtener información a través de un determinado estado de receptividad psíquica obtenido de forma voluntaria y consciente.

En cuanto al instrumental de estos especialistas... en esencia no varía con respecto al que utilizaban aquellos antiguos chinos forjadores del Feng Shui. Por lo general, suelen usarse varillas, péndulos, varas, todos elementos que no son sino amplificadores de las reacciones neuromusculares.

Desde luego, todo esto, en un principio, le dio a la geobiología un viso de esoterismo que al cabo dañó su imagen frente a la ciencia positiva. Pero luego, ante los resultados logrados y demostrados, y al incorporar entre sus conocimientos teorías y técnicas provenientes de las más diversas ramas del saber, esta disciplina logró afirmarse como ciencia y a partir de ahí centrar sus esfuerzos en la comprensión de fenómenos poco estudiados, originados en ciertas energías poco conocidas aún, pero que afectan seriamente el hábitat y, por lo tanto, la salud humana.

En sólo seis décadas de estudios, decíamos, la geobiología ha logrado importantes aportes para entender y mejorar la relación del ser humano con el medio que habita, incluyendo en esto el planeta entero y el universo en su conjunto. Tanto es así, que su nombre se considera ya un término demasiado pobre para su verdadero alcance. Hay quienes proponen rebautizarla como "comosgeobiología", o "domología", palabra cuya raíz es domus: "morada o vivienda".

Pero tanto su nombre como su interés principal devienen de la constante relación establecida entre ciertas enfermedades y trastornos de la salud, indefectiblemente asociados con radiaciones terrestres, como los rayos *gamma*, o la presencia de gas radón, o distintas alteraciones del campo magnético originadas en fallas, fisuras o capas freáticas.

El hecho concreto es que existe en el ambiente terrestre un flujo eléctrico constante de electrones de carga negativa que giran constantemente alrededor de todo el planeta. Sólo que esta carga fluctúa permanentemente a raíz de la radiación cósmica y solar y de otros factores meteorológicos, como tormentas, bajas presiones atmosféricas, etc. Definitivamente, dicha electricidad se relaciona con la estructura de los suelos, la vegetación, las edificaciones y la vida humana.

Por su propia composición, la corteza terrestre resulta una conductora eléctrica ideal, y alrededor de ella la atmósfera trabaja como semiconductora hasta una altura de cincuenta kilómetros de la superficie; en tanto, ya en la ionosfera, vuelve a ser conductora aunque ya recargada positivamente.

Así se comprende la diferencia de potencial entre la corteza y la ionosfera, lo cual genera, en la superficie, una carga estimada en ciento treinta voltios en los días claros de tiempo calmo. En estos casos, la baja y media atmósfera aíslan la carga de iones positivos estableciendo un equilibrio natural. Pero en los instantes previos a una tempestad, la carga eléctrica del aire puede alcanzar varios miles de voltios por exceso de iones positivos y, de esta forma, romper el tan saludable equilibrio anterior. No casualmente, en esos momentos, muchas personas experimentan pesadez física, malestar general, fatiga, nerviosismo o irritabilidad.

Las ondas de la vida

A mediados del siglo XX, en la década de los 1950, el profesor doctor Otto. W. Schumann, de la Universidad Tecnológica de Munich (Alemania), interesado en los efectos de resonancia del sistema tierra–aire–ionosfera, se topó con un descubrimiento revolucionario: ciertas ondas electromagnéticas que vibraban en la misma exacta frecuencia en la que vibran las ondas cerebrales de todos los mamíferos, incluyendo, por supuesto, al ser humano. La ciencia física las conoce desde entonces con el nombre de "ondas transversal–magnéticas", pero sus científicos, habitualmente, las llaman, en honor a su descubridor, "ondas Schumann".

Por simple, complejo o desconocido que suene, el hallazgo resultó efectivamente revolucionario. Desde entonces, en forma ultrasecreta –y por mucho que la ciencia física oficial parezca ignorarlo–, las grandes potencias mundiales experimentan con estas ondas, invirtiendo fortunas en proyectos cada vez más sofisticados y audaces. No ignoran que quien las domine dominará invisiblemente la mente de sus enemigos, con posibilidades y alcances difíciles de profetizar.

Hacia 1948, establecida ya la frecuencia de resonancia de las ondas electromagnéticas, el doctor Schumann decidió publicar su trabajo en una revista de física técnica, sin prever que aquél era el camino correcto para consumar su descubrimiento. La revista de mentas llegó a

manos de un físico austríaco, el profesor Arthr Ankemüller, quién pronto advirtió que dicha frecuencia –establecida en diez *herzt* por segundo– coincidía con la frecuencia vibratoria del cerebro humano. Inmediatamente, el
profesor Ankemüller llamó al doctor Schumann y le dijo:

*Es interesantísimo lo que usted midió, que la tierra tie-
ne la misma resonancia propia como el cerebro humano.
Habría que confirmar si esto es realmente así.*

En la cadena de sincronías, en ese momento, uno de los
mejores alumnos del doctor Schumann le pedía consejo a
éste en busca de algún tema para su tesis doctoral. El doctor Schumann, entonces, le propuso averiguar exactamente cuál era el grado vibratorio de aquellas ondas, dado que
diez *hertz* había sido apenas un cálculo aproximado.

Al cabo de algunas semanas de mediciones, el estudian-
te le informó a su profesor que el valor exacto era de 7,8
hertz por segundo. Exactamente la misma frecuencia entre el
hipotálamo de todos los hombres y de todos los mamíferos.

Mientras el ritmo *alfa* es diferente en cada persona
–aunque por lo general siempre se encuentra entre los
nueve y once *hertz* por segundo–, la frecuencia de 7,8
hertz se mantiene estable e inalterable en todos los mamíferos, humanos y no. Es una constante normal, biológica y necesaria. Una suerte de marcapaso divino sin el
cual la vida, simplemente, no sería posible.

La mejor prueba de la importancia vital de las ondas
Schumann se obtuvo, de manera casi traumática, cuando por primera vez el hombre fue aislado electromagnéti-
camente del entorno para el cual está hecho y adaptado.

CAPÍTULO VI: LA VOZ DE LA TIERRA

Durante los primeros viajes espaciales los astronautas, soviéticos o norteamericanos, de regreso de sus misiones traían serios desequilibrios de salud, física y mental. Sencillamente sucedía que, al abandonar la ionosfera, quedaban de alguna manera desconectados de la frecuencia vital. El problema no tardó demasiado en resolverse merced al uso de generadores de ondas Schumann.

Pero en el ínterin, los científicos de la NASA aislaron magnéticamente a un grupo de voluntarios, y precisaron mejor algunos efectos puntuales producidos sobre la salud por las ondas electromagnéticas. Hoy, la moderna terapia magnética aplica muchos de esos resultados en el tratamiento de ciertas afecciones cardíacas. Por eso mismo los generadores de ondas Schumann y geomagnéticas son ya de uso habitual en la medicina contemporánea.

Nobleza obliga, sería injusto olvidar aquí el nombre de aquel discípulo del doctor Schumann: Herbert König, quien más tarde habría de sucederlo en su cátedra de la Universidad de Munich, y quien, además, pronto se convertiría en el yerno del doctor Ernesto Hartmann. Junto al cual harían otro descubrimiento no menos importante para la ciencia en general: las líneas Hartmann.

Las líneas de la vida

Si bien son algo más que un dibujo en el mapa, estas líneas, al igual que meridianos y paralelos, envuelven la superficie terrestre como una inmensa red que impera con su influencia.

Se trata de uno de los fenómenos más interesantes que estudia la geobiología desde sus inicios, y que ya desde siempre fuera considerado por el Feng Shui. La ciencia en general la conoce hoy con el nombre "red global", o "red de Hartmann".

Durante la segunda posguerra mundial, el médico y geobiólogo alemán doctor profesor Ernest Hartmann, al cabo de largas y laboriosas mediciones trazó el tejido de las líneas de fuerza de la estructura electromagnética terrestre, y así estableció que nuestro planeta está literalmente envuelto en una retícula energética abierta entre sus líneas en dos metros y medio en dirección Norte–Sur y un poco menos en dirección Este–Oeste. La retícula en sí varía en intensidad y forma, pero el grosor de estas líneas, en cambio, se mantiene casi inalterable en los veintiún centímetros, y esta anchura las vuelve posibles de percibir, con el instrumental adecuado, aun a varios kilómetros de altura.

Los expertos en general –geobiólogos o maestros de Feng Shui– desaconsejan abiertamente construir o establecer el sitio de descanso sobre los cruces de estas líneas, debido a que dichos cruces resultan nocivos para la salud. Sus efectos recrudecen cuando ese cruce de líneas se encuentra sobre alguna falla telúrica que desequilibre el campo electromagnético del lugar.

En la actualidad, radiestesistas expertos y experimentados, geobiólogos y, más aún geólogos geobiólogos están en condiciones de trazar la retícula propia de cada casa, comercio y oficina, y así lograr una mejor distribución de los lugares de trabajo donde la producción se verá incentivada. Desde luego, un mapa bagua bien trazado no debe ignorar las líneas Hartmann y sus cruces.

Lo que sigue es el testimonio del licenciado Oscar Ayala Arana, de la Universidad de Buenaventura de Cali, y representante en Colombia de la Asociación de Estudios Geobiológicos:

He tenido la fortuna de haber recibido en mi casa a distintos profesores, y en mediciones tomadas en diferentes momentos por estas personas coincidieron asombrosamente las retículas trazadas por cada uno de ellos. Eso nos ayudó a ubicar mejor nuestra cama de matrimonio, las camas de nuestros bebés y varios electrodomésticos, de la manera más apropiada para nuestra salud. Un estudio complementario de Feng Shui nos dejó muchas otras enseñanzas adicionales, y nos dio pautas para desterrar algunos materiales sintéticos de nuestra habitación y nuestro vestuario, para cambiar de sitios los espejos, y otras sutilezas aparentes, que sin embargo mejoraron notablemente el bienestar de mi familia.

Por cierto, la geobiología no es la única solución, ni, lamentablemente, el desequilibrio electromagnético es el único problema capaz de afectar el hábitat.

Otras cuestiones y otras posibilidades resuelven otros problemas pero con el mismo fin: la salud de la casa, por siempre indivisible de nuestra propia salud.

En tal caso, la geobiología no es más que una de las *herramientas* más eficaces con las que cuenta una megadisciplina cada día más urgente: la bioconstrucción.

Fantasmas australes

Cualquier campesino, o quien habite, conozca o frecuente el campo, escuchó hablar infinidad de veces de luces malas, séptimos hijos varones devenidos lobos, espíritus errantes y otras leyendas floridas y folclóricas del imaginario popular... Son leyendas propias de cualquier comunidad de campo y abundan tanto en Europa como en América Latina. Pero los hechos registrados en el pueblo de General Madariaga, en la Provincia de Buenos Aires, Argentina, en 1993, no tuvieron nada de leyenda.

María Ferreyra y sus hijos Horacio, Julio y Ramona habitaban entonces la humilde casa de material y chapas del 563 de la calle Urrutia. Dentro de sus posibilidades, llevaban una vida normal y tranquila, hasta que de repente, el sábado 10 de abril de 1993, las ventanas y las puertas de la casa comenzaron a cerrarse y abrirse con fuerza sin que nadie allí las tocara. Eran las primeras manifestaciones de un fenómeno que aumentaría con los días variando sus formas.

Pronto siguió el desplazamiento autónomo de los muebles, objetos que comenzaban a volar o levitar, y hasta un viejo trapo de piso humedecido que se echó a planear suavemente por el interior de la vivienda sin viento que lo tocara...

Comprensiblemente aterrada, María Ferreyra decidió recurrir a la ayuda de la policía primero y de la iglesia después... Pero nada pudieron hacer ni el comisario ni el párroco del pueblo, ni los pastores evangelistas, ni los curanderos ni los exorcistas, que pronto empezaron a desfilar por el lugar asegurando poseer la fórmula mágica para derrotar a los malos espíritus... Los muebles continuaban andando, y ya volaban los cuchillos saltando de sus cajones para clavarse en las puertas de madera de la casa.

Alguien finalmente aconsejó a María Ferreyra consultar a la parapsicóloga Susana López, quien, atenta a las teorías del alquimista suizo Basilius Mongebius, concentró todo su poder de observación en los tres niños de la casa, hasta recalar especialmente en uno de ellos: Julio.

Julio entonces tenía diez años y cargaba en su interior una regia batería de conflictos, traumas y deseos contenidos. Casi todos ellos vinculados con su despertar sexual.

Se trataba de un niño introvertido, tímido, callado, a simple vista normal como cualquier niño de su edad. Sin embargo, a poco de estudiarlo, la parapsicóloga Susana López entendió que más allá de su apariencia, el chico tenía algo distinto: un extraño poder mental y una memoria extraordinaria en la que alojaba recuerdos de hechos acaecidos aun antes de su nacimiento. Coronando tan singular cuadro, Julio estaba unido a su madre por una particular y difícil relación de amor–odio que se agravaba día a día.

La parapsicóloga no dudó: inmediatamente le aconsejó a María Ferreyra poner a Julio bajo riguroso tratamiento psicológico, pero convencida íntimamente de que sólo al entrar en la adolescencia el niño encontraría la cura definitiva de sus males.

El tratamiento psicológico duró algunas semanas, durante las cuales Julio fue sumiso y obediente, alegando en todo momento su deseo de ser bueno y piadoso. Y al cabo se curó.

Aun antes de llegar a la mayoría de edad los fenómenos habían desaparecido y nunca más volvieron. Pero los especialistas que trataron a Julio apuntaron también que, durante las entrevistas, el chico más de una vez demostró cierto orgullo ante el poder incompresible que ostentaba.

***

Sirva esto para comprobar que si bien las casas pueden influir sobre sus habitantes, también, y sobre todo, éstos lo hacen sobre ellas. Y por fortuna, son los seres humanos los que las planifican y construyen.

Capítulo VII

LA CASA MADRE

La bioconstrucción es el mejor intento humano moderno por mitigar el tremendo impacto que tiene la edificación sobre el medio ambiente de la tierra que todos habitamos. Vale decir: de la casa madre.

Sin embargo, ante la comprensión de la gravedad del progresivo deterioro que sufre su entorno natural, el hombre, progresivamente también, ha ido desarrollando una reacción acorde, una respuesta ecológica que, de alguna manera, encuentra su consagración en las variadas técnicas, teorías y recursos que propone la bioconstrucción.

Así como la pequeña piedra arrojada a un lago altera toda la superficie de éste, así también la más sencilla de nuestras acciones puede afectar nuestro entorno inevitablemente. Toda modificación, menor o mayor, a corto o largo plazo, incide sobre el resto de los seres y, por lo tanto, sobre el planeta entero.

En esa inteligencia, la bioconstrucción aspira a lograr una conciencia global, a partir de la cual cada uno de nosotros sienta, piense y actúe, como una enzima de esa célula que representa y es, dentro del gran organismo del cosmos, nuestro planeta, la tierra.

Para eso la bioconstrucción está basada en algunos rígidos principios que marcan su definido rumbo.

Desde un punto de vista global, y por lo tanto individual, resulta responsabilidad de cada uno de nosotros cuidar y preservar nuestra casa –la tierra–, para alcanzar así los niveles de salud y bienestar óptimos.

En tal sentido, ciencias como la geobiología y la bioconstrucción –modernas, nuevas, recién nacidas– tienen aún mucho camino por delante, muchos problemas que resolver y muchas respuestas para dar. Algunas de las cuales ya están impresas, probadas y demostradas.

Pero al igual que la geobiología, la bioconstrucción se nutre de técnicas antiguas y modernas, teorías y recursos. Desde el Feng Shui hasta la bioclimática, los expertos en bioconstrucción han establecido así algunos principios insoslayables para la salud de la casa y de sus moradores. A saber:

1- Las casas deben construirse lejos de los polígonos industriales y de las principales rutas de tráfico.

2- Las casas deben construirse en lugares espaciosos, rodeados de zonas verdes.

3- Los materiales de construcción deben ser naturales, no tóxicos.

4- Las casas deben construirse con materiales que no contribuyan a la degradación medioambiental en ningún momento de su ciclo vital: extracción, manufactura, instalación y uso, ni que representen la explotación de recursos limitados o en peligro.

5- Los materiales que se utilicen en paredes, suelos y techos deben permitir la difusión del aire.

6- Los materiales de construcción deben ser higroscópicos, para absorber y liberar el vapor de agua y moderar la humedad interior.

7- Los materiales de las superficies interiores deben ser capaces de filtrar el aire y neutralizar las sustancias contaminantes que lo acompañan.

8- Debe buscarse un equilibrio entre la capacidad de almacenar calor (masa térmica) y los niveles de aislamiento.

9- Utilizar calefacción radiante y energía solar.

10- Las casas deben estar protegidas contra los ruidos externos y las vibraciones infrasónicas.

11- Hacer un uso máximo de la luz natural y de la policromía en el interior.

12- Se han de minimizar los campos electromagnéticos, a la vez que se mantienen los campos magnéticos y eléctricos naturales.

Estos son los principios básicos de la bioconstrucción, que a su vez están basados en otros principios expresados en lo que el mundo conoce como "el documento de Hannover".

Principios y fines

Los principios de Hannover pueden considerarse como la carta magna de la bioconstrucción, y aspiran a subrayar y ampliar la comprensión de nuestra interrelación absoluta con el medio ambiente. Pero no se trata de una regla de oro inalterable; antes, mejor, constituyen un documento vivo pasible de ser mejorado y adecuado conforme evoluciona el conocimiento humano. Son sólo principios desde los cuales partir.

Allí se defiende el derecho –y la obligación– de la humanidad de coexistir de una manera sana, perdurable, diversa, y de mutua comprensión y correspondencia con la naturaleza que lo rodea.

Basados en que los elementos del *diseño humano* dependen del *entorno natural* y a su vez accionan sobre él, el documento defiende, en primer lugar, la interdependencia vital entre ambos.

En segundo lugar, pone especial énfasis en la relación existente entre espíritu y materia, y así considera todos los aspectos de un asentamiento humano sin subestimar ninguno: las características de su comunidad, su modo de vida, su tipo de vivienda, su industria y su comercio.

Recuerda la responsabilidad que le cabe a cada generación respecto de las futuras, en función de no delegar preocupaciones y dificultades en las secuelas o riesgos que puedan derivarse del uso de ciertos productos y elementos. Sostiene que unos y otros deben ser objetos que se sustenten en el tiempo.

Da por abolido el concepto de "residuo" o "desperdicio", para en cambio optimizar el ciclo de vida de los productos y procesos en pos de un estado natural en el que nada se pierda y todo se transforme. Apuesta como solución a los flujos naturales de energía, y propone reivindicar al sol como fuente y fuerza permanente de creatividad y vida. Sin ignorar las limitaciones humanas y materiales del diseño en cuanto a duración y funcionalidad, el documento sugiere pensar y actuar con humildad frente a la naturaleza implacable, que es a la vez ejemplo, madre y maestra, no obstáculo. En pocas palabras, intenta restablecer la responsabilidad ética y la relación integral entre la realidad ambiental y la actividad humana.

Desde ese punto de vista, la bioconstrucción entiende que "la vivienda debe adaptarse a nosotros como una tercera piel, prodigándonos abrigo, salud y protección", y en esa búsqueda, diversas ciencias, disciplinas o artes aúnan sus esfuerzos y conocimientos para generar a su vez nuevas corrientes, propuestas y alternativas. Desde el antiquísimo Feng Shui hacia el futuro.

La baubiología

Porque, de hecho, los principios del antiquísimo Feng Shui hoy deben ser utilizados en un entorno sustancialmente distinto de aquél donde fueran engendrados y desarrollados. Nuestro ámbito moderno está rodeado de automóviles, tapizado de asfalto, tabicado por el cemento, compuesto de materiales sintéticos y acechado por aparatos electrónicos de alto poder electromagnético: hornos a microondas, teléfonos celulares, computadoras y satélites. En ese intento por actualizar el Feng Shui, se esfuerzan muchas de estas disciplinas, ciencias o corrientes. La baubiología es una de ellas.

La palabra deviene del alemán *baubiology*, y refiere a la biología de la construcción. En combinación con el Feng Shui, ordena una moderna ciencia del hábitat que se refiere no sólo a la edificación de un inmueble, sino también a cómo se habitará.

La baubiología, como objeto de estudio, centra su atención en la contaminación electromagnética y ambiental del interior de la casa, y pone especial énfasis en los materiales que se utilicen para su construcción.

El arquitecto José Macedo, catedrático de la Facultad de Arquitectura–Xalapa, apunta que "la baubiología comprende estudios de geomagnetismo y sobre cómo nos afectan las líneas magnéticas de la tierra". En el capítulo anterior, quedó explicado hasta qué punto los campos electromagnéticos afectan la salud del ser humano; como en el caso de los cruces de las líneas Hartmann, por ejemplo. De igual manera actúan algunos materiales sintéticos, muy utilizados hoy en la construcción moderna, y que inciden negativamente sobre el bienestar y la salud de sus moradores. Problemas que se manifiestan con mayor asiduidad en los edificios de oficinas y que, según la baubiología –y no sólo la baubiología–, probablemente tengan impacto sobre el ausentismo y la productividad.

Los especialistas han bautizado este fenómeno con el nombre de "Jaula de Faraday". Dicho cuadro suele pre-

140

sentarse, fundamentalmente, en las casas o edificios donde se ha utilizado esa suerte de enrejado compuesto de una red cuyas mallas están entretejidas por una serie de nervaduras de poliestireno –muy frecuentes en la construcción actual– y que acaban funcionando como una perfecta antena que desordena el campo magnético, atrayendo energía dañina para sus habitantes. Por eso la baubiología recomienda el uso de materiales naturales, y propone construir de la manera más simple y sana posible, aprovechando la tierra cruda circundante, ya fuera en forma de bloques o ladrillos, hasta sillares y tapiales de tierra apisonada.

Nada nuevo. Se trata, al fin y al cabo, de las antiguas técnicas con las que fueron levantadas viviendas y edificios que todavía hoy permanecen erguidos, moles de formidables muros capaces de contener la acústica y de guardar el calor en invierno mientras refrescan los ambientes en las temporadas cálidas. Nada nuevo. Tan sólo algo que ha olvidado la tecnología moderna, la cual, en pos de mayor rédito, opta por materiales menos nobles, y sistemas de prefabricación que con frecuencia sacrifican el bienestar humano.

Sin embargo, en la actualidad, la baubiología gana terreno y es cada vez más usada en las zonas rurales, donde se ha vuelto a construir con tierra porque abarata los costos, porque le da a la casa una respiración natural y porque a la vez les devuelve a sus habitantes un saludable contacto con la naturaleza.

La alquimia de la construcción

Junto con la baubiología, una de las más notorias corrientes nacidas de la bioconstrucción –y, por lo tanto, del Feng Shui– es la que ha dado en llamarse "construcción natural", o "la alquimia de la construcción". También según esta línea, todo cuidado comienza con los materiales que han de usarse en la construcción, y por eso recomienda extraerlos directamente de la naturaleza propia del lugar donde se va a construir. Piedra, madera, arcilla o bambú, lo que fuere, lo que hubiere.

Luego, ya seleccionada la *prima materia*, el alquimista deberá entonces conocerla y entenderla, detenerse en su composición química y en sus posibilidades físicas, en sus condiciones de resistencia, en su durabilidad, toxicidad, capacidad térmica y, por supuesto, en sus implicancias electromagnéticas. El objetivo es levantar una casa con alma, y el alma de una casa, con lo que la tierra ofrece allí donde se elige.

Un paso crucial consiste en elegir el sitio exacto, y para eso también es primordial entender su entorno y observar su atmósfera, hasta comprender el verdadero *genius loci* del lugar, vale decir: *el alma del lugar*.

Los devotos de la construcción natural sostienen que para esto no hay mejor recurso que la concentración, la meditación y el silencio. Lograr un estado mental que nos permita sentir plenamente el lugar, lo cual incluye su historia, su pasado, el punto que ocupa en el planeta, su generosidad, sus asperezas, sus características vitales, y por lo tanto cuál es la arquitectura precisa para vivir allí.

Para mejor, un profundo estudio de la zona permitirá un mayor aprovechamiento de sus recursos concretos: clima, suelo, vegetación, vientos, luz, y otra vez, por supuesto, sus circunstancias electromagnéticas. La construcción natural ofrece un valor agregado a toda la temática de la bioconstrucción, emparentándola más aún con el genuino Feng Shui. Porque la alquimia de la construcción reclama del hombre una mística basada principalmente en el conocimiento de su propio interior y del interior de las cosas, de su esencia y su carácter. En otras palabras: la comprensión del *chi* absoluto a partir de lo íntimo de nuestro ser. Empezar desde el nivel más etéreo, hasta llegar paso a paso a la solidez de la materia.

Al igual que en la *alquimia original*, aquí también se hacen necesarios los conocimientos de los elementos naturales, de sus leyes físicas, sus reacciones químicas y hasta sus caracteres simbólicos. Sin la correspondiente observación y comprensión –íntima y externa del entorno inmediato–, se hace difícil, cuando no imposible, la verdadera integración con el medio, inmerso en el cual, al fin y al cabo, ha de desarrollarse la vida humana. Así también, la misma especial atención merecen las circunstancias naturales, como el espacio social y las buenas relaciones con el vecindario.

Como objetivo de máxima, la alquimia de la construcción aspira al oro de una comunidad en mutua y constante armonía con el ambiente natural, con la vivienda propia y consigo misma. Una comunidad capaz de saludables relaciones sociales, desde la cual evolucionar hacia nuevas y mejores formas de convivencia.

Desde luego, objetivos tan altos no se logran en pocos pasos ni en poco tiempo. Todos aquellos que profesan y ejecutan la construcción natural bien lo saben. La alquimia de la construcción exige paciencia, sudor, tenacidad, y sobre todo, fe. Fe a lo largo de años de prueba y error, de estudios y experimentos... Después de todo, el oro de los alquimistas nunca estuvo al alcance de la mano.

Una construcción natural, bella, rodeada de jardines, en plena naturaleza, envuelta en el canto de los pájaros, de un río y de la noche representa el oro de esta alquimia moderna. Y si bien las estrellas quizá nunca se alcancen, igualmente sirven para guiarnos. Con esa visión y esa fe trabajan los alquimistas de la construcción, y observan cuanto les rodea atentos al mínimo cambio gradual, abiertos a nuevos métodos y antiguas técnicas y recursos, o todo lo que sirva para modificar la realidad, sin otros elementos que los que ella ofrece.

Capítulo VIII

LOS SEIS ELEMENTOS

Pero si el alma de una casa es su energía, entonces bien vale decir que nuestra casa, el planeta, atraviesa en la actualidad un momento espiritual al menos muy delicado. A medida que avanzó el siglo xx, el uso de la energía se convirtió en uno de los puntos más complejos que enfrenta la humanidad.

Como dato de prueba acaso baste mencionar que, en la actualidad, el veinte por ciento de la población mundial consume el ochenta por ciento de la energía disponible, y que el grueso de ese ochenta por ciento se lo llevan los países más industrializados de Occidente. Y es un hecho también que la mayor parte de la contaminación que hoy aqueja al planeta está originada en el consumo de esa energía.

El punto central es que tanto desarrollo tecnológico tan aplaudido, en realidad, se basa en un valor irreal de esa energía, en un alto precio que no tiene en cuenta los costos ambientales que produce su uso.

Casi todas las fuentes de energía utilizadas hoy –carbón, petróleo, gas– son limitadas, no renovables, y ya los expertos profetizan su final. Para peor, otras fuentes, como la energía nuclear, implican un gran riesgo en su utilización, y acarrean peligrosas consecuencias contaminantes en tanto generan residuos cada día más difíciles de desechar. Nadie puede negar los muchos beneficios obtenidos por la humanidad a partir del desarrollo tecnológico logrado durante el siglo xx. Pero ningún beneficio compensará los daños que pueda originar un uso desorganizado y miope de los recursos naturales del planeta.

Y esto sin olvidar que son sólo los países más desarrollados de Occidente quienes consumen la mayor parte de la energía. Si todo el mundo lograra alguna vez alcanzar el mismo estándar de vida que el Occidente moderno, el daño ecológico infligido al planeta sería devastador en muy poco tiempo.

Pero la buena noticia es que gran parte de esa energía consumida se usa para generar calor, iluminación y confort en las viviendas modernas. Y ese problema tiene variadas soluciones igualmente rendidoras y más saludables.

Por ello ese mismo ser humano, que tanto se ha desarrollado tecnológicamente, que ha viajado por el espacio, que ha logrado la comunicación satelital, la red informática y las armas biológicas, se enfrenta ahora al desafío mayor de lograr una construcción y una supervivencia sobre la base de nuevas y mejores fuentes de energía, renovables y limpias.

Y acaso lo más alentador sea que esos interrogantes y sus respuestas, una vez más, están contenidos en la naturaleza misma, en sus cuatro elementos: la tierra, el aire, el fuego y el agua.

De esos cuatro elementos, el Feng Shui, en obediencia a las antiguas tradiciones chinas, reconoce tres –el fuego, el agua y la tierra–, y aporta dos: la madera y el metal. Y aunque descarta el aire, honra al viento. Así entonces, son en total seis los elementos de los que dispone el hombre para salvar su casa, el planeta. Y todo indica que basta con ellos.

El agua

Vale remarcarlo: Feng Shui es el arte de centrar armónicamente al individuo y su vivienda, dentro de la naturaleza. "Feng" quiere decir "viento" y "Shui", "agua". Ahí ya, desde su nombre, queda registro de la importancia que los antiguos chinos daban a estas dos fuerzas naturales indispensables para cualquier tipo de vida.

Pero para el pensamiento chino, Feng, el viento, representa, además, el pensamiento, y Shui, el agua, nuestro comportamiento. Porque en tal caso el Feng Shui no sólo existe en el entorno que nos rodea, en el ámbito natural y en la vivienda o la oficina, sino también en nosotros, en nuestro interior.

No por nada uno de los debates más interesantes y urgentes del hombre moderno es justamente acerca del agua. Su necesidad, su existencia, su presente y su futuro. Y es que, dijera un maestro en Feng Shui, "el agua revela nuestro comportamiento y supone nuestra riqueza". Escaso y susceptible de contaminación, este recurso, decíamos, pasa por uno de sus momentos más difíciles.

El agua potable, sobre todo, es la más frágil. Conforme se agota, también se contamina. Además de los grandes daños ambientales ya mencionados, contribuyen a esto, por un lado, las llamadas "aguas negras", provenientes de inodoros

149

y cargadas de orines o materias fecales, y por otro lado, las "aguas grises", descartadas por cocinas y lavabos, corruptas por detergentes y por restos de materias orgánicas. Por esto el ahorro de agua, su depuración mediante sistemas apropiados, y su retorno así al medio ambiente son preocupaciones excluyentes del Feng Shui y la bioconstrucción en general. Por suerte, tras décadas de estudios, hoy existen variadas tecnologías destinadas al ahorro y la restitución del agua.

Por otra parte, el agua es además una fuente de energía natural. En los casos en que la vivienda es construida cerca de un cauce de agua, puede aprovecharse este recurso para colocar un canal con microturbina y generador, y así producir electricidad y energía mecánica, o para extraer el agua a través de una bomba, la cual funcionará por la misma fuerza de la corriente.

Los saltos de agua son una excelente fuente de energía renovable. Con un caudal relativamente constante y un desnivel apropiado, es posible construir una pequeña central hidroeléctrica a escala de las grandes centrales y capaz, en su volumen, de alimentar a una población reducida y proporcional.

Por todo esto, el ahorro y la calidad del agua resultan cada día más importantes. Su contaminación nos contamina, y la responsabilidad es de todos.

El aire

El aire. El Feng. El otro elemento natural y vital que da nombre al Feng Shui. El aire: el pensamiento.

Según el Feng Shui, el interior de la casa es Yin (íntimo, reservado, privado), en contraposición al exterior, que es Yang (abierto, expuesto, público). Así las puertas y ventanas de una casa representan las conexiones entre el Yin y el Yang. Pero a diferencia de las puertas, que son únicamente lugares de tránsito, la ventana es conexión con el exterior, con la luz, con la naturaleza, con la comunidad, y sobre todo, con el aire. Con el Feng. Porque la casa, en tanto tenga un cuerpo, como todo ser vivo también debe respirar y transpirar. Y en este punto, el Feng Shui, la bioconstrucción, la bioclimática, se enfrentan a una contradicción difícil de resolver. Porque si bien para no derrochar recursos energéticos es conveniente un buen aislamiento térmico de la vivienda, también es cierto que un aislamiento excesivo puede dificultar la buena aireación de la casa, y así facilitar la acumulación de gases tóxicos o de atmósferas nocivas para sus habitantes.

De manera tal que todavía la ventilación de la casa sigue prevaleciendo por sobre el ahorro de energía. La casa debe respirar, y debe respirar en forma continua. Algo que no depende exclusivamente de los materiales y del diseño de la casa, sino también de la pintura que se utilice. Y los especialistas recomiendan usar pinturas naturales, elaboradas a base de resinas y aceites minerales o vegetales.

Más allá de la realidad energética que vive el mundo moderno, es necesario garantizar la transpiración y respiración del edificio a través de paredes y techos, para facilitar así un sano intercambio de aire y de humedad entre la vivienda y el medio entorno ambiental.

Porque otro recurso natural, también inagotable, también gratis, y casi siempre presente aún día y noche, es el viento.

Desde los tiempos más remotos, el viento fue una de las principales fuentes energéticas del hombre. En la navegación, en la agricultura, en la construcción... y ahora también en la producción de electricidad.

Según el lugar donde se construya, y dependiendo entonces de su régimen de vientos, puede recurrirse a la instalación de aerogeneradores, desde el clásico y eterno molino, cuyo solo movimiento puede activar directamente una dínamo, una bomba de agua o un alternador, hasta el molino de viento con el correspondiente transformador para convertir la fuerza propia del viento en energía eléctrica y según el fin que se le quiera dar.

Pero acaso el modelo más completo en el rubro sean las instalaciones eólico–fotovoltaicas de última generación, que combinan en sí mismas las energías del viento con las del sol proveyendo en su conjunto un suministro eléctrico seguro y completo.

El fuego

Eléctrico o natural, el elemento fuego está presente en la casa no sólo a través de su calefacción, sino, y durante todo el año, a partir de su iluminación y sus electrodomésticos.

Por eso el gran desafío de la construcción moderna acaso encuentre su clave en la administración de esa energía siempre disponible. El doble objetivo, hoy, es la producción de energías limpias, eficientes y renovables, y, al mismo tiempo –y antes que nada–, el ahorro de esas energías.

En esa inteligencia, muchos bioconstructores, como maestros de Feng Shui, sostienen que la energía menos contaminante es, justamente, el ahorro de energía. Más allá de toda técnica o descubrimiento, estos iniciados rescatan los viejos buenos consejos eternos: apagar las luces innecesarias, desconectar los electrodomésticos cuando no se usan, cerrar bien las canillas... "Cada gota, cada voltio, cuentan", dicen. Y ese es el objetivo primordial que tiene o debería tener toda la tecnología: el ahorro energético.

En la iluminación, por ejemplo, esta función la cumplen las bombillas compactas de bajo consumo, los tubos fluorescentes y, sobre todo, aquellos que estén equipados con balastos electrónicos. Lejos de todo fanatismo la arquitectura más avanzada propone una casa ecológica, sí, pero que no por ecológica prescinda de electrodomésticos, aunque sí sepa establecer cuáles son los más eficientes y sanos en el uso y consumo de la energía, y por ese camino, y en esa dirección, obligar a sus fabricantes a optimizar sus rendimientos.

Ya existen hoy modernos lavavajillas que reducen el consumo de energía en un cuarenta por ciento y el del agua en un sesenta por ciento. Por lo demás, cuanto mayor sea la potencia del electrodoméstico, mayor será el impacto de la contaminación eléctrica sobre la salud de los que conviven con ellos.

En cuanto a la climatización de la casa, una correcta orientación del inmueble resulta crucial para su clima interior, tanto en invierno como en verano. Correctamente orientada, la casa podrá recurrir al uso activo de la radiación solar, y a la construcción de invernaderos o galerías cubiertas que tanto capten la luz y la sombra, como el calor.

Porque una vez más, la gran fuente que ilumina y calienta la tierra, el sol, conforma, además, la gran esperanza de la humanidad. La energía dispensada por nuestra gran estrella, más el ingenio tecnológico, pueden resolver muchos de los problemas habitacionales modernos a partir de paneles solares capaces de acaparar y redistribuir dicha energía.

Sigue siendo el sol la opción más obvia a la hora de buscar una fuente de energía sana y renovable, tal vez inagotable. La energía solar, prolífica y gratis, está a nuestra disposición durante la mayor parte del tiempo. No falta, no cuesta y no contamina ni destruye ecosistemas.

Desde luego, las zonas más soleadas facilitan el uso de la energía solar, pero aun detrás de un cielo nublado el sol allí está, prodigando luz y calor. En tal caso, los únicos problemas que ofrece esta energía estan en su gran dispersión y en su dificultad para almacenarla.

No olvidemos que el elemento fuego está presente en todos los aparatos eléctricos, y el Feng Shui afirma que, más allá del efecto dominante que ejerce la sola presencia de los aparatos eléctricos sobre nuestra psicología, también ha de prestarse atención a las alteraciones que producen sobre la radiación electromagnética. En ese sentido, es bueno saber que el fax, el televisor y los hornos de microondas son los electrodomésticos que mayor radiación emiten. Una de las soluciones más simples que aporta el Feng Shui consiste en ocultarlos cuando no se utilizan, o taparlos con alguna tela relajante, cuyo color o motivo equilibren la presencia del elemento fuego con, por ejemplo, el elemento agua.

El metal

En este punto es donde entra a valer en todo su peso el elemento metal: en la tecnología del colector, o panel solar, eficaz herramienta humana para captar y acumular la energía del sol para luego utilizarla incluso de noche, iluminar, alimentar electrodomésticos y calentar la casa y el agua de la casa...

El colector o panel solar es una especie de caja convenientemente aislada, recubierta en cristal, y que encierra una serie tubos llenos de agua en su interior. Por el principio de invernadero, la energía del sol queda atrapada en el interior de la caja en tanto calienta el agua de los tubos para ser derivada desde allí hacia un tanque de almacenamiento, donde habrá de esperar para ser utilizada. Así trabaja la energía solar activa.

La energía solar pasiva, en cambio, se obtiene más bien a partir del diseño y la orientación de la vivienda, con el objetivo de convertir toda la casa en un verdadero panel solar. De cara al sol deberán estar las ventanas más grandes, atrapando la luz y el calor en el interior de la casa, mientras del lado opuesto –el lado de la sombra– estarán las ventanas más pequeñas, liberando por la noche, y en forma gradual, la energía acumulada durante el día. Desde luego, una casa construida sobre la base de los principios del Feng Shui y los conocimientos de la biocontrucción complementará la energía solar pasiva con la activa.

Pero en un mundo ideal como el que sueñan –y forjan– el Feng Shui y la bioconstrucción, toda vivienda debería contar con su propio generador eléctrico, a partir de paneles fotovoltaicos capaces de traducir la luz del sol, en energía eléctrica.

Ahí el elemento metal, en la células de silicio que conforman el panel fotovoltaico, y que, conectadas entre sí, son capaces de alcanzar una tensión de doce voltios. A su vez, el mismo panel protege a las células de los golpes y las inclemencias del tiempo. Claro que al igual que una antena receptora, la energía solar captada por un panel dependerá siempre de su inclinación, de la estación del año y del clima del día.

Como suma de ventajas, esta tecnología permite reducir entre el cuarenta y el ochenta por ciento el consumo de energía convencional en el calentamiento del agua. Con un panel de un metro cuadrado de superficie, es posible calentar entre cincuenta y cien litros de agua por día. En el caso de instalaciones más complejas, esta tecnología resulta un buen soporte para un sistema de calefacción por radiadores, calderas de agua precalentada y suelos radiantes.

En cuanto a su efecto contaminante, cada dos metros cuadrados de panel, se reduce en una tonelada anual la emisión de carbono hacia la atmósfera.

El sol, siempre el sol. El fuego, el agua y el metal y...

La madera

El otro elemento insoslayable para el Feng Shui, recurso libre, generoso y renovable –siempre y cuando se actúe con precaución–, es la madera. La antigua y eterna leña con la que el hombre viene calentando su vivienda desde que descubrió el fuego.

Hoy, en muchos lugares, la leña sigue siendo una fuente de energía comparativamente barata, y las modernas estufas, con control de aire, terminaron por convertirla en un recurso también muy eficiente. Algunos modelos de estufas incluyen catalizadores para controlar el humo y la contaminación.

Desde luego, se trata de un recurso factible de uso preferentemente en zonas rurales. Si todas las grandes ciudades fueran calentadas a leña, se provocarían grandes estragos naturales y en muy poco tiempo. Es importante recordar que las virtudes propias de esta fuente energética dependen en gran medida del respeto que tengamos por los bosques. Sabido es que la tala de árboles que azotó el siglo xx lleva muy malas perspectivas.

En algunas zonas, hoy se está experimentando con ambos métodos a la vez: la energía solar, y las calderas de leña para la calefacción y el agua caliente. Y los resultados, aunque incipientes, resultan prometedores.

La tierra

La tierra, el gran elemento que contiene en sí mismo a todos los demás.

En buena parte de Europa se experimenta desde no hace mucho con la biomasa, otra especie de energía renovable obtenida de materias vegetales, madera, residuos y derivados agrícolas.

La biomasa resulta muy útil a la hora de alimentar calefacciones centrales y sistemas sanitarios, y genera una fuerza que también puede transformarse en electricidad. Sin embargo, esta tecnología aún precisa de largos procesos de experimentación... Pero esos procesos ya comenzaron.

Y también está la tierra en sí, el planeta mismo, para darnos calor. La tierra es una fuente de energía inmensa, renovable, libre y generosa. Energía geotérmica, se llama, y puede resolver por sí sola la climatización de la casa. Sólo basta una bomba geotérmica, una bomba de calor, un aparato que no genera calor, sino que apenas lo traslada de un lugar a otro.

Se trata de una bomba que trabaja en base a una sonda, una sonda que puede ser abierta o cerrada, y que dentro de ella contiene un líquido refrigerante a través del cual se transmite el calor.

A veinte metros de profundidad bajo el nivel del suelo, la temperatura se mantiene constante durante todo el año, entre los siete y catorce grados centígrados, aumentando hacia abajo en tres grados cada cien metros. De allí se extrae el calor a través de la sonda, y luego la bomba lo distribuye a partir de tubos por toda la casa. Por lo demás, estos equipos geotérmicos no queman ningún tipo de combustible. Claro que, como cualquier caldera convencional, disponen sí de motores y bombas y compresoras que se alimentan eléctricamente... Pero en tal caso ese suministro puede obtenerse a través de energía solar, eólica, o de ambas energías combinadas.

Tierra, fuego, agua, aire, metal y madera, en estos seis elementos naturales, vitales, se concentran los problemas del hombre y su hábitat, pero, acaso también, sus soluciones.

En tal caso, todo depende de lo que sepamos hacer con ellos.

Criaturas religiosas

En 1861, en Cideville, un pacífico pueblito situado a ciento treinta kilómetros al oeste de París, se registró otro episodio íntimamente ligado con el fenómeno *poltergeist*, y en el marco de una singular disputa entre dos religiosos. El pastor protestante del lugar, Félix Thorel, tenía a su cargo el cuidado de un grupo de niños huérfanos. Pero el padre Tinel, sacerdote católico de la aldea, decidió que esas criaturas debían estar bajo su control y, haciendo uso de su autoridad e influencia con el alcalde del pueblo, logró quitarle al pastor protestante la atención y tenencia de los niños, ganándolos así para su iglesia.

Desde luego, el pastor protestante Félix Thorel no se dio por vencido, y después de un largo y complejo proceso judicial que duró algo más de dos años recuperó la tenencia de los niños y volvió con ellos a su templo.

A partir de ese día, por todo Cideville comenzaron a suceder y repetirse una serie de episodios extraños y escalofriantes. Tanto la misión calvinista como la Iglesia católica se vieron sacudidas por ráfagas de granizo en pleno verano, las campanas de los dos templos sonaban a deshoras –de día y de noche, y sin que nadie accionara su mecanismo–, las habitaciones de los niños huérfanos eran sacudidas cotidianamente por terribles golpes de martillo, los candelabros comenzaron a levitar y flotar sin que nadie tampoco los tocara, y los órganos de las dos iglesias arrancaban a tocar himnos religiosos propios de la iglesia opuesta.

Los fenómenos que buena parte del pueblo había atestiguado concluyeron cuando por fin el alcalde de Cideville decidió que una mitad de los niños huérfanos quedara al cuidado de la grey católica y la otra mitad continuara bajo el control de los protestantes.

159

Los extraños sucesos nunca volvieron a repetirse. Tampoco nunca se explicaron. ¿Habrá sido sólo el triunfo de una decisión justa y armónica?

***

En todo caso y sin duda, la armonía es algo que mejora y modifica cualquier situación adversa. Hablemos entonces de obtener armonía entre nosotros, nuestro hábitat menor, la casa, y el mayor, nuestro amado planeta.

Capítulo IX

EL CALOR
DE LA VIDA

Tal como quedó expuesto en el capítulo anterior, gran parte de la energía que consume hoy la humanidad se utiliza para climatizar viviendas y edificios, y lo que es aun peor, casi el total de esa energía es extraída de fuentes contaminantes y extinguibles.

En cuanto al resto de la energía consumida en la actualidad, ella está dedicada a poner en funcionamiento aparatos eléctricos, electrodomésticos, iluminación, comunicaciones, etc. Del total, el treinta por ciento del consumo de energía primaria en los países industrializados pertenece al sector de la edificación

En síntesis, cuando se habla de estas fuentes energéticas, toda abundancia debe considerarse *escasez*, dado que todas ellas son limitadas y no renovables. Con respecto a su incidencia sobre el medio ambiente...no por nada toda esa energía es llamada "energía sucia".

Incluso la electricidad –esa fuerza aparentemente "limpia" que llega diariamente a todos los hogares, comercios, industrias y oficinas– también se genera a partir de combustibles contaminantes, como el gas, el petróleo o el carbón. Estos elementos, al entrar en combustión, liberan gases tóxicos, como por ejemplo el óxido de nitrógeno, responsable de las lluvias ácidas que destruyen los bosques, o el dióxido de carbono, causa principal del famoso "efecto invernadero", que en las últimas décadas viene recalentando el planeta hacia un infierno imprevisible... Si a esto se le agregan los residuos radiactivos producidos por las distintas centrales nucleares, se entenderán rápidamente las razones y las urgencias que traen consigo el Feng Shui, la bioconstrucción y la arquitectura bioclimática.

Y es que la arquitectura bioclimática –también llamada "arquitectura solar pasiva"– resulta de la convergencia de antiquísimos conocimientos con modernísimos descubrimientos. Una cruza feliz entre la arquitectura tradicional, el Feng Shui y las más avanzadas técnicas del confort y el ahorro energéticos.

En ese camino, la bioclimática se propone un diseño habitacional que aproveche al máximo las circunstancias naturales externas, pero siempre en función del confort térmico interno de la casa y de la preservación, claro está, del entorno global. Es decir: resolver la climatización de la vivienda con el más bajo costo energético y el mínimo daño sobre el medio ambiente.

El objetivo es lograr un diseño arquitectónico inteligente que, acorde a las circunstancias climáticas externas e inmediatas, sepa ganar el mayor calor posible durante el invierno y pueda a su vez expulsarlo gradualmente durante el verano. Desde luego, el diseño correcto es difícil de lograr sin un buen estudio previo del lugar donde se ha de construir y de los materiales que se usarán en la construcción. Los modernos conceptos en arquitectura procuran simpleza y eficacia en sus estructuras y por eso vemos cómo desaparecen los pasillos, por qué ahora los techos son más bajos y por qué se modifica la distribución de los ambientes en función de la circulación general del aire de la casa. Son avances... Sin embargo, en otros puntos, la arquitectura moderna parece empeorar día a día. La vivienda actual consume cada vez más energía para calefaccionar, iluminar, refrescar la casa o calentar el agua, y todo eso a base de energía sucia, proveniente por lo general de lugares siempre lejanos a la vivienda. Lo cual, por supuesto, eleva su costo.

En este punto, sobre todo, la arquitectura bioclimática marca la diferencia. Unida al intento original del Feng Shui –armonizar al hombre con su entorno–, la casa solar pasiva se integra a su ambiente, no precisa grandes cantidades de energía para su climatización y funcionamiento, y es capaz de tomar esa energía, directamente de su entorno, de lo que tiene a mano: el sol, el viento, un río, una cascada, la tierra misma, tal y como ya fue explicado en el capítulo anterior...

Ninguna novedad. Ya desde los tiempos en que las posibilidades de climatización artificial eran escasas y caras, casi toda la arquitectura tradicional estuvo basada en principios bioclimáticos. Así se explican las galerías y los aleros, los patios, las fuentes y el uso de ciertos materiales con determinadas propiedades térmicas, como la madera o el adobe... nada nuevo. Sólo que la modernidad –en nombre de la reducción de presupuesto, de la optimización del espacio y de los altos rendimientos económicos– a veces suele olvidar lo que siempre supo.

En tal caso, la arquitectura bioclimática pretende recordárselo.

Asir el calor

A través del tiempo, los conceptos de bienestar fueron evolucionando de una forma si se quiere inesperada. Así como sucedió con la vestimenta –que en origen fue sólo abrigo, y que ahora es ornamento, industria, expresión, artesanía y vanidad–, así también la vivienda dejó de ser apenas un cobijo, un lugar de descanso y antes que nada, una protección frente a las inclemencias meteorológicas y animales del entorno, para representar hoy, además de un sitio confortable donde disfrutar y desarrollar la vida, un evidente símbolo de estatus.

Como símbolo, entonces, la vivienda se vio obligada a obedecer los cánones impuestos por la moda que rige dicho estatus. Y el ahorro energético y el aprovechamiento de de la energía solar no siempre encajan dentro de esos cánones... Sólo así se explica que aún hoy la arquitectura bioclimática no se imponga como la única posible, como la única de verdad necesaria.

Necesaria por urgente, porque el planeta se agota, porque los recursos se acaban y porque la superpoblación de la tierra es un fenómeno inédito. Sin embargo, la conciencia de esta realidad es todavía difusa. Pese a los muchos reclamos y campañas, la publicidad del consumo, en líneas generales, o bien ignora la cuestión o bien sigue asociando el ahorro energético con la incomodidad y su derroche con el prestigio. Luego la falta de información hace el resto, y así los engranajes del error continúan su aceitado funcionamiento... Después de todo, nadie reclama lo que no conoce.

Pero basta asomarse a la bioclimática, para descubrir un camino olvidado.

Por empezar, hay que desligar la idea de ahorro de la noción de privación. No van unidas. En segundo lugar, hay que saber que una casa bioclimática no es necesariamente más cara que una casa convencional, ni tiene por qué ser más o menos lujosa, cómoda o atractiva. La arquitectura solar pasiva no precisa de costosos sistemas de calefacción y refrigeración. Antes impone el diseño, los materiales, los recursos arquitectónicos de ambos, y las circunstancias climáticas del lugar elegido.

Acaso el ideal de la arquitectura bioclimática esté en lo que se ha dado en llamar "la casa autosuficiente", una vivienda que no dependa de las grandes redes de suministro centralizadas, ya fueran ellas de gas, electricidad, agua, e incluso de alimentos. Una vivienda *autosuficiente* será aquella que obtenga el total de su energía a partir de los recursos que le ofrezca el entorno inmediato: agua de pozo, de arroyos o de lluvia, energía solar, eólica, huerto y granja propios... Aunque ese ideal parece a simple vista irrealizable, la bioclimática sostiene que es posible.

Sólo se trata de seguir al sol.

El camino del sol

En la travesía de la arquitectura solar, como su propio nombre lo indica, no hay otro Norte que el sol. El hombre propone, pero el sol dispone.

El sol, protagonista principal de la vida desde siempre, lo es, por supuesto también, de la construcción bioclimática.

Según la posición del sol, podrán ser definidos el diseño externo, los materiales a utilizar y la distribución interior de los ambientes. Por eso es primordial conocer su recorrido y su conducta.

Sólo dos veces al año el eje de rotación de la tierra es perpendicular a su plano de traslación: cuando el equinoccio de primavera, y luego, durante el equinoccio de otoño. Sólo entonces el día dura lo mismo que la noche, y el sol sale exactamente por el Este y se pone exactamente por el Oeste. El resto del año, el plano de trayectoria de traslación de la tierra respecto del sol se dispone en ángulos variados según el momento del año que corresponda.

La orientación de la casa, su ubicación geográfica y su distribución interna definirán las radiaciones que esa casa reciba, o sea: su bienestar y su salud.

La radiación solar que incide sobre la tierra, se manifiesta de tres maneras distintas: directa, difusa y reflejada.

La radiación directa es la que proviene directamente del sol.

La radiación difusa es la que se recibe como efecto de la dispersión de la radiación del sol. En días soleados esta energía no representa más del quince por ciento de la radiación global, pero en días nublados la proporción de la radiación difusa aumenta de manera considerable. Así las superficies horizontales son las que más radiación reciben porque al estar de cara al cielo abarcan mayor espacio celeste, mientras que las superficies verticales reciben menor radiación porque sólo captan la mitad de la semiesfera celeste.

La radiación reflejada es precisamente la que refleja la superficie terrestre. Por supuesto, la cantidad de radiación producida en este caso dependerá del coeficiente de reflexión de la superficie. Las arenas claras, la nieve, por ejemplo, concentran un alto poder de radiación. Lo inverso sucede con la radiación difusa: las superficies horizontales no reciben tanta radiación como las verticales.

Lo importante es recordar que todas las formas de radiación conllevan una carga de energía factible de ser usada o almacenada, en forma directa o tecnológicamente. Pero a la hora de entender el comportamiento térmico de una casa, hay que tener en cuenta los propios mecanismos de la transmisión del calor.

Básica, microscópicamente, el calor es un movimiento de agitación molecular, que así se transmite de un cuerpo al otro. Esta operación puede realizarse de tres formas distintas: la conducción, la convección y la radiación.

Se transmite por *conducción* a través de la masa del propio cuerpo que atraviesa. La viabilidad con la cual el calor corre por dicho cuerpo define a ese cuerpo como conductor o aislante, según el caso. (Con frecuencia la arquitectura tradicional olvida un buen revestimiento aislante en paredes y techos, y por ese motivo las viviendas modernas pierden calor durante el invierno, o lo absorben en verano.)

La transmisión por *convección* se da cuando el material conductor es fluido, líquido o gaseoso, y por eso, además de llevar el calor por la masa de su cuerpo, también lo impulsa a partir del movimiento que se produce debido a las diferencias de temperaturas entre el aire caliente y el frío.

169

Y la transmisión por *radiación* se efectúa cuando todo el material emite una fuerza electromagnética, cuya intensidad está dada por la temperatura que tenga. Una estufa de butano es un pequeño ejemplo de transmisión por radiación. El sol es el ejemplo mayor.

Sin embargo, en las viviendas modernas, habitualmente estos tres mecanismos de transmisión de calor, paradójicamente, son a su vez las causas principales de las pérdidas de calor de la casa.

Dentro de la vivienda, el calor se transmite por radiación a través de los paramentos –muros, techos, suelos– y por convección entre los paramentos y el aire interior. Para evitar las pérdidas de calor, es conveniente recubrir los paramentos con una capa de material térmicamente aislante, poniendo especial atención en los llamados "puentes térmicos". Estas juntas, o puntos de refuerzo de los paramentos, muchas veces están elaboradas con materiales diferentes del resto, provocando así una grieta en el material aislante que permite la fuga del calor.

La ventilación, por supuesto, es otra de las grandes causas de la pérdida de calor. Si bien toda vivienda necesita una ventilación correcta para un buen ritmo respiratorio, esa renovación del aire debe lograrse sin provocar pérdidas de calor. De lo contrario, la casa será caliente en verano y fría en invierno.

Una habitual vía de escape del aire caliente –peligrosa muchas veces por imperceptible– son las filtraciones. No siempre bastan burletes o doble acristalamiento cuando por la juntura de las puertas y las rendijas de las ventanas se escapa todo el calor o penetran el frío y la humedad externos.

De todas formas, aunque se controle la ventilación y se reduzcan al mínimo las filtraciones, en los días de viento el calor de la casa se disipará mucho más rápido por acción de los parámetros exteriores. Una vez más, aquí, el diseño y la orientación de la vivienda juegan un rol determinante para que la radiación solar llegue y actúe de la manera más eficaz. Otro tema muy importante a tener en cuenta es la *capacidad calorífica*.

Es un hecho cotidiano que el aceite se calienta más rápido que el agua, pero que el agua tarda más en enfriarse. Eso significa que el agua guarda mayor cantidad de calor por cada grado centígrado que recibe. A eso se le llama "capacidad calorífica". Cuanto más tarda en calentar un cuerpo, mayor capacidad calorífica tiene.

Pero la capacidad calorífica, y el almacenamiento de calor, producen ciertos fenómenos constantes, que sin embargo suelen ser ignorados. Porque sólo así se explica que ciertas habitaciones que suelen tardar más en calentarse sean también las que se enfrían más despacio. Algo por el estilo sucede también con las estaciones del año. Durante el equinoccio de primavera, el sol está en la misma posición que durante el equinoccio de otoño, y sin embargo, las temperaturas son mayores cuando el otoño. La razón es sencilla: en los umbrales del otoño, la tierra todavía guarda en su masa el calor de todo el verano. Esa resistencia de la temperatura frente a los cambios climáticos se conoce con el nombre de "inercia térmica". Un concepto fundamental para la vivienda bioclimática.

Si la casa no tiene mucha inercia térmica, entonces reaccionará más rápido a la radiación solar calentándose enseguida durante el invierno, pero enfriándose rápidamente cuando vuelve la noche. Todo lo contrario sucede en viviendas con una gran inercia térmica, donde la radiación solar no provocará una subida rápida de la temperatura, pero sí almacenará calor para cuando el sol no esté. De cualquier forma, dichas variaciones en la temperatura nunca alcanzan valores extremos y al cabo son amortiguadas, porque la variación interior de la temperatura no es tan grande como la variación exterior.

La superficie terrestre, el suelo, por ejemplo, tiene una gran inercia térmica que le permite amortiguar los cambios de temperatura entre el día y la noche, y también entre estaciones. Esa amortiguación, sin embargo, depende mucho de la profundidad y del tipo de suelo que sea.

Las variaciones de temperatura entre el día y la noche, para su mejor amortiguación, precisan de un suelo con veinte o treinta centímetros de espesor. Para amortiguar la variación entre dos días de distintas temperaturas, el espesor deberá tener entre ochenta y doscientos centímetros. Y para mejor amortiguar los cambios entre el invierno y el verano, hará falta un espesor de seis a doce metros por lo menos.

Pensar en viviendas enterradas a grandes profundidades no es factible ni lógico, pero en cambio existen sí ya muchos proyectos para casas semitenterradas, de forma tal que aprovechen mejor la inercia térmica del terreno.

Asir el aire

En cualquier caso, a la hora de ahorrar energía –y al mismo tiempo, no privarse de ella–, se trata por todos los medios de captar el calor del sol y gobernarlo aún de noche.

En esa búsqueda, la bioclimática experimenta con variados métodos, pero en esencia hay tres únicos sistemas: directos, semidirectos e indirectos.

En los sistemas *directos,* el sol entra por las ventanas, a través de los cristales, hacia el interior de la vivienda. Una vez en el interior, es primordial contar con masas térmicas de acumulación de calor en el suelo y las paredes, para que así reciban mejor la radiación. Los sistemas directos son los que más rápido funcionan y mayor rendimiento ofrecen.

Luego están los sistemas *semidirectos*, que precisan de un agregado, acaso un invernadero, por ejemplo, que funcione como una cámara de aire entre el clima del exterior y el del interior. Una vez acumulada en este espacio intermedio, la energía puede manejarse a voluntad a partir de cerramientos móviles, que abran paso al aire caliente retenido hacia el interior de la casa. Este sistema no es tan rendidor como el directo, pero sí más rápido.

Por último están los sistemas *indirectos,* que logran la captación del calor mediante a una herramienta de almacenamiento, que bien puede consistir en un paramento hecho en materiales de alta capacidad calorífica. Así el calor es captado por conducción, convección y radiación, y luego distribuido a voluntad. El rendimiento de estos sistemas es también inferior al del sistema directo, y además, son más lentos. Pero pueden ser muy eficaces si se los utiliza en forma complementaria con los otros.

Y es que de alguna manera hay que atrapar el aire. De eso se trata.

Vista al mundo

Lin Yu Tan repetía su ya célebre frase:

La casa no sólo es la casa, sino también el panorama que se domina desde la casa.

La orientación es un punto vital, y no sólo por el panorama que domine, sino también por la suerte que determina. Una casa que ambicione el calor en invierno debe tener su mayor superficie mirando al Ecuador. El verano no será un problema si las ventanas de la fachada opuesta fueron estratégicamente diseñadas.

La orientación de la casa determinará su captación solar y la influencia de los vientos dominantes, ya fuera sobre aberturas o filtraciones. Todo lo cual influirá directamente no sólo sobre la climatización de la vivienda, sino, y por lo tanto, sobre su ahorro energético. Lo mejor es orientar la mayor superficie hacia el sol. En verano, los sombreados, las contraventanas y las ventanas resolverán el problema de la ventilación.

Los grandes huecos de la casa –ventanas, balcones, puertas– también deben mirar hacia la parte más soleada de la región, y en el interior de la casa asegurar una buena masa térmica para almacenar el calor y mantener la casa confortable por la noche y, al mismo tiempo, sanear el ambiente, restarle humedades.

En cuanto a las aberturas del lado más soleado, para evitar el exceso de calor durante el verano resultan beneficiosos los porches delante de las puertas y los tejadillos sobre las ventanas (siempre sin perder de vista la diferencia de altura y recorrido del sol en las distintas estaciones). Un pequeño vestíbulo o separador, entre la puerta de entrada y el resto de la vivienda, servirá de retención frente a la climatología exterior. Por supuesto, todos estos agregados deberán ser hechos en dimensiones adecuadas para evitar que, durante el invierno, impidan la entrada del calor.

Y añadido a la orientación de la vivienda, como punto fundamental también, está su adaptación al lugar. La arquitectura moderna, en muchos sentidos, olvidó la importancia del lugar donde se construye. Obligada por la escasez de espacio, ya casi no toma en cuenta el entorno. Grave error. Todavía hay en pie por todo el mundo construcciones de cien años o siglos que nos recuerdan la importancia de adaptarse al lugar. Patios andaluces, pérgolas, fachadas refractarias, galerías con alero para captar el fresco y no desperdiciar el sol, o esos balcones acristalados propios de las zonas frías, donde el sol es poco y hay que atraparlo como se pueda. El lugar también nos dicta el diseño.

Otro recurso muy eficaz para enfriar la casa es el conocido como "vaporización". No es casual que allí donde hay agua, el lugar sea más fresco. Cuando un cuerpo pasa de su estado líquido a un estado gaseoso, necesita absorber una cantidad de energía, llamada "calor de vaporización". Entonces el agua, al evaporarse, absorbe calor, un calor que toma de su entorno inmediato enfriándolo en la operación.

El agua de una vasija suele estar siempre a menor temperatura que la del ambiente, debido a que la vasija está hecha de barro y que esto la vuelve permeable al vapor del agua. Así el agua que se evapora refresca el agua que queda.

Paradójicamente, al utilizar la energía solar para evaporar agua se está usando el calor para generar frío. Una fuente en un patio refrescará la zona, y también, a su vez, los ambientes lindantes con ese patio. El efecto ganará potencia si además hay vegetación que lo ampare. Pero ésta debe ser dosificada, equilibrada, dado que un exceso de vegetación puede multiplicar la humedad multiplicando el calor propio de la casa, o su frío. Otro antiguo recurso que no ha perdido eficacia a la hora de refrescar la vivienda es el riego por sus alrededores, contra fachadas y sobre techos.

Y siempre habrá que prestar atención a la fachada que exponemos al sol, su superficie, si está pintada con colores refractarios, la cantidad y tamaño de sus ventanas, la protección de éstas y el juego de corrientes de aire que permita su distribución. El diseño, otra vez el diseño, siempre el diseño.

EPÍLOGO

Los médicos de la casa

Desde la milenaria sabiduría china hasta los últimos recursos de la arquitectura más avanzada, desde la fantástica posibilidad de la mansión embrujada hasta el detalle científico, desde las fallas subterráneas del terreno hasta su entorno y su planeta, desde la retícula invisible y oculta de las líneas de Hartmann hasta la disposición del más ínfimo de sus adornos, desde el sótano hasta el tejado, desde su revestimiento hasta su alma, el hábitat fue observado por completo, la casa y la oficina, la escuela, el taller, el comercio, la vivienda humana en todas sus posibilidades.

Con técnica, con método con intuición, con tecnología de última generación y con sabiduría ancestral, la casa completa ha sido revisada, evaluada, repensada...

El objetivo de todo fue siempre uno y el mismo: la mejor armonía entre el hombre y el hábitat. Vale decir: una casa sana para salud de sus habitantes.

Historias, consejos, ejemplos, casos, datos, experimentos, demostraciones, claves, información y secretos urdidos, expuestos o develados para una construcción cada día más eficiente, más evolucionada, consagrada a la búsqueda de una mejor calidad de vida allí, donde transcurre la vida. En la casa, en la oficina, en la escuela, en el taller...

Cinco mil años atrás, en China –hemos visto–, el hombre comenzaba a preguntarse cuál era la verdadera relación entre la naturaleza, su hábitat y él mismo.

El curso de los ríos, el movimiento de las estrellas, la conducta del sol, la luna, los animales y los vientos comenzaron a explicarle lo que aún no sabía, y así aquellos hombres dieron forma a la filosofía y el arte de armonizar al ser humano con su entorno, con su casa, con su realidad. Nacía el Feng Shui.

Cinco mil años después, a través de los siglos, en todo el mundo el esfuerzo y el ingenio humanos extrajeron de las raíces de aquel arte milenario variadas disciplinas hoy consideradas como ciencias: la biología, la geobiología, la bioclimática, la bioconstrucción, la arquitectura misma... El objetivo de todas ellas es siempre el mismo. Las razones también: vivir mejor.

Acaso la única diferencia entre los antiguos chinos y el hombre del siglo XXI sea que entonces aquellas artes eran un placer y hoy estas ciencias resultan más bien una necesidad.

Los rigores de la vida moderna, el alto precio pagado por tanto progreso y su tecnología –la contaminación, la radiación electromagnética, la devastación forestal–, el frenético ritmo de vida impuesto por la informática, la superpoblación y sus consecuentes problemas de espacio y abastecimiento, la finitud de los recursos naturales tan exprimidos, todo eso y más exigen del hombre de hoy una conciencia distinta, un compromiso mayor, un punto de vista diferente, sin tanto tiempo ya, quizá, para la vida contemplativa, porque ahora la vida misma está en juego. Por eso hoy más que nunca una vivienda sana es una cuestión fundamental. Hoy más que nunca, los más viejos consejos valen, y la imaginación y el ingenio urgen.

No dejemos de hurgar en los fenómenos paranormales ni nos cerremos a verlos como manifestaciones de una dimensión que aún no dominamos del todo. Pero sepamos que la madera, la tierra, el agua, el sol, los vientos, el mapa bagua, los cuatro puntos cardinales, los colores y las formas son todas herramientas a mano para cualquiera en cualquier parte, y que, sabiendo utilizarlas, pueden optimizar nuestro hábitat, mejorar nuestra salud, traernos prosperidad... cambiarnos la vida. Por exagerado que suene.

No sin ayuda el Feng Shui atravesó los siglos, trascendió sus fronteras, llegó hasta nuestros días, se impuso entre científicos y dio a luz nuevas disciplinas y nuevas ciencias. No sin ayuda. Miles y millones de hombres transmitieron sus conocimientos de generación en generación, de prueba en prueba, de resultado en resultado.

Y todo, desde el Feng Shui hasta la bioconstrucción y sus muchos afluentes, indican lo mismo: la casa vive, la casa tiene un cuerpo y un alma, puede enfermar y por lo tanto puede sanarse.

Y para eso, los mejores médicos son sus propios habitantes. Nosotros.

BIBLIOGRAFÍA RECOMENDADA

Acondicionamiento y energía solar en arquitectura, Bedoya Frutos, C. y Neila González, J., COAM, Madrid, 1986

Arquitectura bioclimática, Izard, J.L., Ed. Gustavo Gili, México, 1983.

Arquirtectura ecológica. Dominique Gauzin–Müller, Editado Gustavo Gili, Barcelona, 2003.

Arquitectura solar, Aspectos pasivos, bioclimatismo e iluminación natural, Yáñez, G. Ministerio de Fomento, Madrid. 1998–1999.

Arquitectura y clima, Olgyay, V., Ed. Gustavo Gili, Barcelona, 1998.

Arquitectura y clima en Andalucía, manual de diseño, Autores varios, Junta de Andalucía, Sevilla, 1997.

Arquitectura y climas, Serra Florensa, R., Ed. Gustavo Gili, Barcelona, 1995.

Arquitectura y energía natural, Serra Florensa R. Coch Roura, H., UPC, Barcelona, 1995.

Biojardineria. Un jardín comestible en casa, Quico Barranco, Editorial Océano Ámbar, 1997.

Biología y ecología del suelo, V. Parisi, Editorial Blume, Barcelona, 1992.

Biología recreativa, Ethel Hanaver, Ediciones Altea, Madrid. 1977.

Climas, Rafael Serra, Editorial Gustavo Gili, Barcelona, 1998.

Clima, lugar y arquitectura, manual de diseño bioclimático, R. Serra, Edita CIEMAT (Centro de Investigaciones Energéticas, Medioambientales y Tecnológicas), Madrid, 1998.

Cocinas solares. Manual de uso y construcción, Autores varios, Editorial Censolar, Sevilla, 1994.

Cómo situar la cama en un lugar adecuado, Yves Primault, Editorial Obelisco, Madrid, 1998.

Contaminación electromagnética (3a edición), Raúl de la Rosa, Editorial Terapión, Madrid, 1995.

Creando ciudades sostenibles, Herbert Girardet, Ediciones Tilde, Valencia, 2001.

De lo visible a lo invisible, una historia de la materia, Ricardo Moreno Valdepérez, Edita Ricardo Moreno Valdepérez.

Ecourbanismo, entornos urbanos sostenibles, Miguel Ruano, Editorial Gustavo Gili, 2000.

Ecourbanismo, entornos humanos sostenibles, 60 proyectos, Ruano, M., Ed. Gustavo Gili, Barcelona, 1999.

El camino del Feng Shui, Jon Sandifer, Urano, Barcelona, 1997.

El cuidado del alma, Thomas Moore, Urano, Barcelona, 1993.

Electromagnetismo, inquietante, ubicuo y silencioso, Pedro Costa Morata, Editorial Troya, Barcelona, 1997.

El espíritu del hogar, Helen Berliner, Editorial RBA, Madrid, 1996.

El gran libro de la casa sana, Mariano Bueno, Editorial Martínez Roca, Madrid, 1997.

El huerto familiar ecológico, Mariano Bueno, Editorial Integral, Madrid, 1997.

El huerto biológico, Claude Aubert, Editorial Integral, Madrid.

El libro de la energía solar pasiva, Mazria, E., Ed. Gustavo Gili, Barcelona, 1983

El libro de las energías renovables, Francisco Jarabo, Celestino Pérez, Nicolás Elortegui, José Fernández, Juan J. Macias, Editorial SAPT, Madrid, 1997.

El libro del clima, Autores varios, Editorial Blume, Madrid, 1983.

El libro del jardín natural, Peter Harper, Editorial Integral, Madrid, 1994.

El lugar y la vida, Raúl de la Rosa, Editorial Integral, Barcelona, 1995.

El suelo vivo. Monográfico de la revista integral, Jean Marie Roger, Barcelona, 1985.

Energía eólica, M. Castro, I. Cruz y C. Sanchez, Editorial Progensa, Barcelona, 1999.

Energía eólica práctica, Paul Gipe, Editorial Progensa, Barcelona, 1998.

Energía renovable práctica, Iñaki y Sebastián Urkia Lus, Editorial Pamiela, Pamplona, 1999.

Energías renovables, Mario Ortega Rodríguez, Editorial Paraninfo, Madrid, 1995.

Energy Concious Design, Autores varios, Comisión Comunidades Europeas, Bruselas, 1992.

Espacios tranquilos,Alice Whately, Editorial Blume, Barcelona, 2001

Estrés de alta tensión, Carlos M. Requejo,,Editorial Didaco, Barcelona, 2000.

Estudio de la vegetación, N. Rubio, Editorial Anaya, Madrid, 1987.

European Solar Handbook, Autores varios, Comisión Comunidades Europeas, Bruselas, 1986.

Feng Shui, Willian Spear, Robin Book, Barcelona, 1998.

Feng Shui de la abundancia, Suzan Hilton, Editorial Urano, Barcelona, 1997.

Feng Shui de la tierra, José Manuel Chica Casasola, Edita Mandala, Madrid, 1999.

Feng Shui habitación por habitacón, Terah Kathryn collins, Urano, Barcelona, 1998.

Feng Shui, la ciencia del paisaje sagrado en la antigua china, Ernest J. Eitel, Editorial Obelisco, Madrid, 2000.

Feng Shui para Occidente, Terah Kathryn Collins, Urano, Barcelona, 1997.

Geobiología: Medicina del hábitat, Raúl de la Rosa, Editorial Terapión, Barcelona, 1997.

Guía de Bioconstrucción, Camilo Rodriguez Lledó, Editorial Mandala, Madrid, 1999.

Guia de l'edificació sostenible, Autores varios, Instituto Cerdá, Barcelona, 1999.

Guía práctica ilustrada para los amantes de la naturaleza, Michael Chenery, Editorial Blume, Barcelona, 1980.

I Ching, el libro de las mutaciones, Richard Wilhelm, Edhasa, Barelona, 1995.

Ingenios solares, J.M. Jiménez "super", Editorial Pamiela, Pamplona, 1998.

La casa enferma. Energías telúricas y salud, Carlos M. Requejo, Editorial Didaco, Barcelona. 1999.

La ciencia china del Feng Shui, Lam Kam Chuem, Editorial Integral, Barcelona, 1998.

La energía de la biomasa, Francisco Jarabo Friedrich, Era Solar, Madrid, 1999.

La radiestesia, Raúl de la Rosa, Editorial Integral, Madrid, 1996.

La senda del cultivo natural, Masanobu Fukuoka, Editorial Terapión, Valencia, 1998.

Las siete leyes espirituales del éxito, Deeprak Chopra, Edaf, Madrid, 1996.

Libro completo de Feng Shui, Eva Wong, Editorial Gaia, Madrid. 1987.

Manual práctico del I Ching, R. L. Wing, Edaf, Madrid, 1989.

Proyectar con la naturaleza. Bases ecológicas para el proyecto arquitectónico, Ken Yeang, Editorial Gustavo Gili, Barcelona, 1999.

Proyecto, clima y arquitectura, Autores varios, Editorial Gustavo Gili, México, 1986.

Recuperar el futuro, Autores varios, Edita La Garrucha Cultural, Madrid, 1996.

Sol Power, Sophia y Stefan Behling, Editorial Gustavo Gili, Barcelona, 1997.

Tao Teh Ching, Lao Tse, Existen diversas traducciones al español.

Tu Feng Shui personal, Lam Kam Chuem, Editorial Integral, Barcelona, 1998.

Usted puede sanar su vida, Louis Hay, Urano, Barcelona, 1989.

Vida óptima, John Roger y Peter McWilliams, Grijalbo, Barcelona, 1991.

¡Vivir!, Louis Hay, Urano, Barcelona, 1995.

Vivir en casa sana, Mariano Bueno, Editorial Martínez Roca, Madrid, 1998.

Waterscapes. El tratamiento de aguas residuales mediante sistemas vegetales, Hélène Izembart y Bertrand Le Boudec, Editorial Gustavo Gili, Barcelona, 1997.

SITIOS WEB RECOMENDADOS

www.gea–es.org/
http://habitat.aq.upm.es
www.fengshuinatural.com
www.servisalud.com
www.raycons.com
www.biotectura.com
www.internatura.uji.es
www.probicosl.com
selba.solidaragon.org
www.cederaitana.com
www.ctv.es
www.luisdegarrido.com
www.airelibrelapalma.org
www.indarsun.com
www.isf.uva.es
www.angelfire.com
www.sitiohispano.com
www.fengshuinatural.com
www.ambientando.com
www.enplenitud.com
www.formarse.com.ar
www.deon.com.ar
www.fengshui60.7p.com
www.mapba.com.ar
www.holistica2000.com.ar
www.revistainvestigacion.com
www.solartec.org
www.domotica.net

www.proyectos–programas.com

www.domotica.net

www.climasoft.com

www.buildnet.es

www.alisolar.com

www.lineasolar.com

www.buildnet.es

www.vivienda–bioclimatica.com

www.arquired.es

www.arquinex.es

www.eurosur.org

www.nevadalki.com

www.geoambiental.com.ar

www.acevedonet.com.ar

www.geobiologia.info

www.elistas.net/lista

www.radiestesiaargentina.netfirms.com

www.gea–es.org

www.consulnat.com